Merle Matthies

Die Problemkatze

*Einfache Schritte zur Besserung
häufiger Verhaltensauffälligkeiten*

Edition Strunkaat

Impressum

1. Auflage 2016
Alle Rechte bei Merle Matthies
Layout, Umschlaggestaltung, Illustration:
Merle Matthies unter Verwendung eines Fotos von Ulrike Mai/pixabay.com
Verlag: Edition Strunkaat, Klus 7, 27628 Hagen

 „Die Problemkatze" im Netz:
www.problemkatze-buch.de

ISBN Taschenbuch: 978-3-981-45596-0
ISBN E-Book (Mobi/Kindle): 978-3-981-45597-7
ISBN E-Book (Epub): 978-3-981-45598-4

Urheberrechtshinweis

Dieses Werk ist einschließlich seiner Teile urheberrechtlich geschützt. Zitate sind ausschließlich nach den Regeln des deutschen Zitatrechts erlaubt.
Jede Verwertung ohne schriftliche Zustimmung des Verlags ist verboten und wird strafrechtlich verfolgt. Dies gilt insbesondere für die elektronische, digitale oder sonstige Vervielfältigung, Übersetzung, Verbreitung und öffentliche Zugänglichmachung.

Vorwort

Liebe Leser_innen und Katzenfreund_innen,

ich freue mich sehr, dass Sie sich dieses Buch besorgt haben. Die gute Nachricht gleich vorab: die gängigsten Probleme mit Katzen lassen sich relativ leicht lösen. Für ein Gelingen braucht es vier Hauptzutaten:

1. Grundwissen über Katzen, ihre Signale und ihre Bedürfnisse,
2. genaues Beobachten der Katze,
3. Geduld und
4. liebevolle Konsequenz.

Mit diesen Zutaten und meinen Tipps können Sie das Zusammenleben mit Ihrer Katze wieder positiv und angenehm gestalten.

Unerlässlich ist allerdings, dass Sie die Katze immer zuerst tierärztlich untersuchen lassen, um krankheits- oder medikamentös bedingte Verhaltensänderungen ausschließen zu können.

Doch selbst wenn die Verhaltensänderung krankheits- oder medikamentenbedingt sein sollte, wird es nie ausreichen, die Krankheit zu behandeln, bis sie abgeklungen ist. Die Verhaltensänderung wird in den meisten Fällen dadurch nicht beeinflusst. Sie sollten deshalb die in diesem Buch beschriebenen Maßnahmen immer zusätzlich durchführen.

Ich wünsche Ihnen und Ihrer Katze viel Erfolg und eine sehr, sehr schöne und harmonische, gemeinsame Zeit!

Ihre Merle Matthies

Wichtiger Hinweis

Es gibt einige Verhaltensweisen bei Katzen, die auf körperliche Krankheiten zurückzuführen sind. Diese Krankheiten sollten Sie grundsätzlich zuerst von Ihrer Tierärztin ausschließen lassen. Außerdem sollten Sie prüfen lassen, ob die Medikamente, die Ihre Katze vielleicht bekommt, wirklich richtig eingestellt sind.

Bitte beachten Sie:

Dieses Buch ist kein Ersatz für einen Gang zur tierärztlichen Praxis!

Wenn die Tierärztin Ihnen bescheinigt hat, dass Ihre Katze gesund ist, können Sie anhand meiner Tipps Lösungen finden, die Ihrer „Problemkatze" dabei helfen, wieder ein artgerechtes, zufriedenes und ausgeglichenes Leben zu führen.

In den nächsten Kapiteln erkläre ich Ihnen zunächst einige Grundlagen zum Verständnis von Katzen, ihren Signalen und ihren Bedürfnissen.

Dann gehe ich auf einige der Methoden ein, die häufig im Internet, in den Medien oder auch von Tierärzt_innen gegen Probleme mit Katzen empfohlen werden.

Schließlich zeige ich Ihnen anhand einiger der häufigsten „Probleme" mit Katzen, welche einfachen Schritte Sie unternehmen können, um sich und Ihrer Katze das Leben wieder angenehm zu gestalten.

Ich kann Ihnen keine Garantie dafür geben, dass meine Tipps bei Ihnen funktionieren werden. Der Erfolg hängt nämlich ganz entscheidend von drei Dingen ab:

- Ihrer individuellen Mensch-Katze-Umfeld-Konstellation,
- Ihrem Wissen über Katzen und

- Ihrem Willen, etwas für die Katze und für Sie selbst zum Positiven zu verändern.

Geben Sie sich Zeit für diesen Umdenkprozess, seien Sie nicht zu streng mit sich und der Katze, aber bleiben Sie konsequent dabei.

Darüber hinaus ist dieses Buch nicht der Weisheit letzter Schluss. Katzen sind sehr verschieden, und aufgrund ihrer vergangenen Erlebnisse mögen manche Verhaltensweisen erst nach einer langen Zeit gemildert oder geändert werden können.

Doch auch wenn es ein langer Prozess ist: in der Regel ist es für beide Seiten sehr wohltuend und befriedigend. Und es wird Sie und das Tier enger zusammenschweißen.

Nach vielen Problemen endlich eine entspannte, zufriedene Katze zu erleben, wird Sie genauso entspannt und zufrieden machen. Denken Sie nur immer daran:

Je mehr Geduld Sie mitbringen und je konsequenter Sie sind, desto besser kann Ihr Zusammenleben funktionieren.

1
Was ist eine „Problemkatze"?

Sie beißt, sie kratzt, sie pinkelt aufs Sofa, zerkratzt Möbel, zerfetzt Tapeten, sie kommt unterm Bett nicht mehr hervor, lässt sich nicht streicheln oder hochheben, sie rast wie verrückt durch die Wohnung, streitet sich ständig mit anderen oder miaut die halbe Nacht lang: die „Problemkatze".

Vielleicht sind Sie schon völlig verzweifelt: Sie bieten ihrer Katze alles, was man sich vorstellen kann, doch Sie beide werden einfach nicht miteinander warm. Oder sie war bis vor kurzem noch ein echtes Kuschelmonster und ist urplötzlich verändert.

Ganz egal, was Sie unternehmen – die Probleme werden nicht besser, manchmal sogar noch schlimmer. Vielleicht haben Sie deshalb großen Familienkrach, vielleicht denken Sie auch über eine Trennung nach – entweder von der Katze oder sogar von Ihrer Partnerin / Ihrem Partner, weil eine_r von Ihnen beiden es mit der Katze nicht mehr aushält.

Die meisten Menschen denken, die Katze sei das Problem. Schließlich ist sie diejenige, die beißt, kratzt, Dinge zerstört oder überall hinmacht, nur nicht in die Katzentoilette.

Doch Ihre Katze leidet unter dieser Situation mit Sicherheit genauso sehr wie Sie.

Wenn nicht sogar mehr. Denn problematische Verhaltensweisen sind ein klarer Ausdruck des Leidens. Und nicht die Katze ist das Problem oder macht Probleme – in der Regel ist der Mensch und das, was er tut oder unterlässt, der Grund für die Probleme.

Die Katze reagiert nur ganz instinktiv auf ihr Lebensumfeld und das, was ihr Mensch tut.

Natürlich ist es nicht hinnehmbar, wenn, zum Beispiel, Ihre neuen Möbel zerschreddert werden, wenn Sie nach dem Urlaub Katzenkot auf dem Bett vorfinden, wenn das schöne Sofa plötzlich nach Katzenurin stinkt oder wenn Sie zum Dank für eine liebevoll gemeinte Streicheleinheit blutig gekratzt werden.

Viele Menschen bestrafen die Katze dann und wundern sich, dass sich deren Verhalten trotzdem nicht ändert. Meistens verschlimmert es sich sogar. Oft dauert es dann auch nicht lange, bis sich die meisten Menschen mit dieser „Problemkatze" überfordert fühlen. Wenn manche die Grenze des Erträglichen erreicht haben, bringen sie die Katze unter dem Vorwand, sie hätten eine Allergie entwickelt, ins Tierheim. Andere setzen sie klammheimlich irgendwo aus, egal, ob sie das überleben wird oder nicht. Und manchmal trennt sich ein Mensch lieber von einem anderen Menschen, als die Katze wegzugeben.

Dabei können ein paar Grundkenntnisse über Katzen, eine gute Portion liebevoller Konsequenz und Geduld die meisten Probleme lösen.

Die gute Nachricht ist noch einmal (ich wiederhole sie so gerne): wenn Sie das Verhalten Ihrer Katze als problematisch empfinden, können Sie immer etwas dagegen unternehmen. Und zwar ohne das Tier wegzugeben.

1.1
Die meisten Probleme entstehen durch Unkenntnis

Das Traurige an der ganzen Sache ist, dass der Großteil aller Probleme mit Katzen vermeidbar wäre. Manchmal entstehen problematische Verhaltensänderungen tatsächlich aufgrund nicht erkannter

Krankheiten oder falsch eingestellter Medikamente. Doch in den meisten Fällen entstehen sie aufgrund von Wissenslücken über das Wesen, die Bedürfnisse und die Kommunikationsweisen der Katzen.

Viele Menschen sehen eine Katze lediglich als Kuscheltier an, als (Spiel-) Gefährtin, als Wärmespenderin im kalten Alltag. Doch weil sie das Verhalten der Katze nicht verstehen, reagieren sie sehr häufig ganz falsch auf das, was das Tier tut. Denn sie glauben, die Katze müsse doch wissen, dass sie nur ihr Bestes wollen.

Doch Ihre Katze verhält sich einfach nur wie eine Katze.

Das geschieht ganz instinktiv. Auch gegenüber einer so merkwürdigen „Katze" wie Ihnen, die immer ihre Ohren anlegt, ziemlich schwerhörig ist, fast immer auf zwei Beinen unterwegs ist, und deren Jagd- und Sprungfähigkeiten, gelinde gesagt, miserabel sind.

1.2

Natürliches, instinktives Verhalten ist kein „Problem", sondern eine Reaktion – auf Sie

Sie mögen das Verhalten Ihrer Katze problematisch finden – doch ist es nichts anderes als eine ganz natürliche, instinktive Reaktion auf Ihre Signale, Ihre Handlungen und das Umfeld, das Sie Ihrer Katze bieten.

Eine Katze „spricht", zum Beispiel, nur Katzensprache. Das heißt, sie kann Sie nur verstehen, wenn Sie ihr katzenähnliche Signale geben und so ähnlich wie eine Katze handeln.

Tun Sie das nicht, setzen Sie damit einen Kreislauf von Missverständnissen in Gang, der für Sie beide meist sehr belastend ist. Denn die Katze verhält sich weiter wie eine Katze (im negativen Fall kratzt sie, beißt, pinkelt usw.), weil sie sich nicht anders zu helfen weiß. Und der Mensch verhält sich weiter wie ein Mensch (im negativen Fall bestraft er die Katze, schreit sie an, gibt sie weg), weil er sich nicht genügend mit den Bedürfnissen des Tiers auseinandergesetzt hat und dessen Signale nicht lesen kann. Das hilft beiden keinen Schritt weiter.

Eine „Problemkatze" ist also eine Katze, deren Mensch ihr falsche Signale gibt und sich nicht katzengerecht verhält. Er bietet ihr weder die Strukturen, die für ein gesundes, artgerechtes Katzenleben die Voraussetzung wären, noch bietet er ihr einen Ersatz dafür.

Ich hätte das Buch also vielleicht eher „Der Problemmensch" nennen müssen – aber dann hätten Sie es sicher nicht in die Hand genommen und würden jetzt nicht herausfinden können, wie Sie Ihrer Katze (und damit sich selbst) wieder ein ausgeglichenes, gesundes und schönes Leben ermöglichen können.

Merke:

Es gibt keine „Problemkatzen", sondern nur Katzen, die instinktiv auf ihr nicht (ganz) artgerechtes Umfeld reagieren.

2
Grundlagen über Katzen

Wenn Menschen über Katzen nachdenken, dann denken sie meist von dem Standpunkt aus, den sie am besten kennen: dem eigenen. Wer einen Hund hat oder Menschen kennt, die einen Hund haben, denkt sich außerdem, dass das, was beim Hund geht, ja vielleicht auch bei der Katze geht.

Beides ist falsch. Eine Katze ist eine Katze. Und sie muss behandelt werden wie eine Katze, nicht wie ein Mensch, und nicht wie ein Hund.

2.1
Wie leben Katzen?

Hunde sind Rudeltiere, ganz wie wir Menschen. Katzen aber leben in der Natur nicht in Rudeln. Es gibt Ausnahmen, doch normalerweise leben Katzen alleine.

Eine erwachsene Katze ist in der Natur grundsätzlich erst einmal auf sich allein gestellt. Sie kann sich in der Regel auf niemanden verlassen, sondern muss für sich alleine kämpfen. Katzen haben also viele Jahrtausende Übung darin, sich alleine durchzuschlagen.

2.1.1
Das Revier einer Katze

Jede Katze hat ihr eigenes Revier. In Gegenden mit vielen Katzen überlappt ihr Revier mit dem anderer Katzen. Oft teilen sich Katzen auch ein Revier und nutzen es zeitversetzt, um einander nicht in die Quere zu kommen.

Das Revier einer Kätzin kann in der freien Natur 170.000 Quadratmeter betragen, das eines Katers bis zu 630.000 Quadratmeter. Jetzt vergleichen Sie das mal mit den Quadratmetern Ihrer Wohnung.

Katzen benötigen so ein großes Revier, um genügend Nahrung zum Überleben erjagen zu können. Dass Sie bei Ihnen zu Hause genügend Nahrung bekommen, reduziert aber ihren Flächenanspruch nicht automatisch.

Denn Katzen durchstreifen schon seit Millionen von Jahren riesige Reviere – dieses angeborene, instinktive Verhalten bekommen Sie in einem Katzenleben aus diesem Tier nicht mehr heraus.

Eine Wohnung als einziges Revier ist also grundsätzlich viel zu klein für eine Katze. Wenn sie keinen Freigang bekommt, braucht sie daher immer einen adäquaten Ausgleich. Nur bekommt sie den in sehr vielen Fällen nicht. Und dadurch entstehen die ersten Probleme. Sie wird zu dick und/oder sie entwickelt problematische Verhaltensweisen.

2.1.2
Der Schlafplatz

Katzen haben zahlreiche Lieblingsplätze. Das sind Plätze, an denen sie besonders gut geschützt sind, die schön warm sind oder von denen aus sie ihr Umfeld sehr gut beobachten können. Am liebsten, ohne dass sie selbst dabei entdeckt werden.

In der Natur suchen sie sich gut geschützte Schlafplätze. Denn wenn sie schlafen, sind sie schutzlos – je besser ihr Schlafplatz versteckt ist, desto sicherer können sie sich dabei fühlen. Sie schlafen auf der Erde, auf Laub, auf Stroh, auf Gras, auf Beton – was sie gerade vorfinden.

Im Haus bevorzugen sie zum Beobachten höhere und durchaus auch harte Plätze wie Fensterbänke. Zum Schlafen aber lieben sie weiche

Untergründe, in die sie eine gemütliche Mulde hineinliegen können. Deshalb (und weil dann dort die meiste Ruhe herrscht) schlafen so viele Wohnungskatzen tagsüber auf dem Bett.

Wie viele Lieblingsplätze hat Ihre Katze in Ihrer Wohnung?

2.1.3
Der Futterplatz und die Katzentoilette

Katzen halten in der Natur alles sorgsam getrennt, sie machen nichts am selben Ort. Sie fressen nicht dort, wo sie gepinkelt oder Kot gelassen haben. Sie schlafen dort auch nicht.

Sie pinkeln meist noch nicht einmal am selben Ort, an dem sie Kot absetzen. Alles liegt mindestens einige Meter auseinander. Das hat nicht nur hygienische Gründe.

Katzenurin und Katzenkot haben ja einen sehr intensiven Geruch. Durch ihn teilt eine Katze anderen Katzen mit: Hier beginnt mein Revier! Besonders der Urin dient ihr dazu, die Außengrenzen ihres Reviers zu markieren. Damit zeigt sie anderen Katzen: Bis hierher und nicht (viel) weiter, zumindest nicht, wenn das hier noch ganz frisch riecht. Denn momentan bin ich hier unterwegs – zieh Leine und warte, bis du dran bist!

Wenn Katzen sich ein Revier teilen, dann können sie also am Geruch dieser Markierung erkennen, wie lange es her ist, seit die andere Katze hier markiert hat. Sie erkennen auch, welche Katze hier markiert hat und welchen Rang sie einnimmt. Dadurch weiß eine Katze, ob es sicher ist, das Revier zu betreten oder ob sie lieber erst noch ein Nickerchen an einem sicheren (und nicht-stinkenden) Ort machen sollte, bis das Revier frei ist.

Und wenn eine Katze jagt, dann kann sie das in der Natur über viele Meter oder auch Kilometer weit von ihrem Schlafplatz und den Plätzen wegführen, an denen sie Urin und Kot absetzt. Zum Fressen sucht sie sich dann einen Ort, an dem sie einen guten Blick auf die

Umgebung hat (um andere Katzen oder Feinde frühzeitig zu entdecken), und an dem sie in Ruhe ihre Beute fressen kann. In der Natur liegen also Schlaf-, Toiletten- und Futterplätze weit auseinander.

Wie ist die Situation bei Ihnen zu Hause? Steht da der Futternapf neben der Katzentoilette oder neben dem Schlafplatz? Ist die Katzentoilette auch nur in Riechweite des Futternapfes oder des Schlafplatzes? Steht womöglich alles im selben Raum? Oder haben Sie alles so weit wie möglich voneinander entfernt aufgestellt?

2.1.4
Der Alltag einer Katze

Es scheint, als würden Katzen den ganzen Tag schlafen. Doch tun sie dies gar nicht durchgehend. Einen ganz großen Teil der Zeit schlummern sie nur und sind in Sekundenbruchteilen hellwach, wenn sie ein verdächtiges oder interessantes Geräusch hören. Das ist in der Natur genauso wie im Haus.

Während sie schlummern, sammeln sie Energie. Denn es braucht sehr viel Energie, um einen Körper fit zu halten, selbst wenn er so fürs Springen gebaut ist wie der einer Katze. Das ist einer der Gründe für die langen Ruhezeiten.

Zwischen den Ruhezeiten hat eine Katze in der Natur vor allem zwei Aufgaben: Nahrung zu erjagen und ihr Revier zu sichern. Das bedeutet, täglich bis zu 16 Mäuse und andere Kleintiere zu finden, zu jagen und dazu noch 170.000 bis 630.000 Quadratmeter Revier im Auge zu behalten. Die Katze hat also viel zu tun, wenn sie das schaffen will.

So geht das schon seit Millionen von Jahren. Bis vor wenigen Jahrhunderten hat auch der Mensch sich tagtäglich seine Nahrung erjagen müssen. Den ganzen Tag lang suchte er Beute, lag auf der Lauer und brachte sie dann zur Strecke. Er zerlegte sie, bereitete sie zu, sorgte für einen trockenen, warmen Unterschlupf und für Nachwuchs.

Dieser Nachwuchs musste dann ebenso versorgt und die Jagdzeiten deshalb erweitert werden.

Heute jagen wir Menschen nicht mehr, um unsere Grundnahrungsmittel zu erbeuten. Wir stehen aus dem warmen Bett auf, hasten zur Arbeit, arbeiten, hasten zurück, nehmen auf dem Heimweg ein bisschen Nahrung aus dem Supermarkt mit, bereiten sie zu und legen uns schlafen. Die ganze Bewegung, die der Mensch früher hatte, ist heute auf ein Minimum reduziert.

Wir Menschen haben deshalb den Freizeitsport erfunden – die einstige Jagdbewegung haben wir umgewandelt in Joggen, Fitness, Zumba, Fußball und anderes. Für die etwas Zurückhaltenderen wurden Gymnastik, Walking, Pilates und Yoga erfunden. Wer diesen Ausgleich aber nicht hat und auch sonst so gut wie keine Bewegung hat, bekommt früher oder später körperliche und seelische Beschwerden.

Nicht anders geht es einer Wohnungskatze. Wo ihre Vorfahren noch 170.000 bis 630.000 Quadratmeter Fläche bejagen und verteidigen mussten, liegen sie heute in 50-90 Quadratmetern herum und bekommen ihr Fressen vor die Nase gesetzt. Genau wie Menschen bekommen Katzen früher oder später Beschwerden, wenn sie keinen nennenswerten Ausgleich bekommen.

Wie handhaben Sie das? Welchen Ausgleich hat Ihre Katze für die fehlenden Jagdzüge und das winzige Revier?

2.2
Das Wesen der Katzen

Katzen verhalten sich nur deshalb so problematisch, also anders als Sie es sich wünschen, weil sie instinktiv handeln. Und weil sie auf ein Umfeld, auf Geschehnisse und Handlungen reagieren, die nicht dem entsprechen, was sie für ein gesundes, artgerechtes Katzenleben benötigen.

Anders gesagt:

Die von Ihnen als problematisch empfundenen Verhaltensweisen einer gesunden Katze geschehen immer nur als Reaktion auf Ihr Verhalten und Ihr Umfeld.

Eine Katze sieht uns keineswegs allein als „Dosenöffner" an. Sie macht uns das größte Geschenk, dessen eine Katze fähig ist: sie vertraut uns ihr Leben an. Und sie vertraut darauf, dass wir verantwortungsvoll mit ihr umgehen.

Katzen sind sehr empfindsam und charakterlich so verschieden wie wir Menschen. Sie können sehr anhänglich und lieb sein, doch muss der Mensch ihnen dafür das richtige Umfeld bieten. Und er muss lernen, ihre Signale zu lesen und zu respektieren. Er muss sie also ihrer Natur gemäß behandeln.

Doch leider wird den Katzen ihr Vertrauensvorschuss häufig schlecht vergolten. Ich habe in meinem Leben schon so viele falsch behandelte, überforderte, überreizte, unterforderte, gelangweilte und dadurch krank gewordene Katzen erlebt. Ich wäre froh, wenn man bei Aufnahme einer Katze genauso einen Sachkundenachweis vorlegen müsste wie bei Aufnahme eines Hundes.

2.3
Katzen sind ...

Über Katzen wird viel geredet. Häufig habe ich den Eindruck, dass es genauso viele Katzenexpert_innen gibt wie Bundestrainer_innen, wenn das Fußball-Nationalteam der Männer spielt. Doch wenn man genau hinhört, merkt man, dass es sich meist um althergebrachte Vorurteile von Menschen handelt, und keinesfalls um echtes Wissen.

Schauen wir uns einige dieser Vorurteile einmal an. Welche Antworten sind Ihrer Meinung nach richtig?

Katzen sind	Ja	Nein
... hinterhältig.	O	O
... böse.	O	O
... nachtragend.	O	O
... beleidigt.	O	O
... Protestpinklerinnen.	O	O
... stur.	O	O
... kalt.	O	O
... ignorant.	O	O
... dumm.	O	O
... arrogant.	O	O
... falsch.	O	O
... charakterlos.	O	O
... feige.	O	O
... egoistisch.	O	O
... unnahbar.	O	O
... berechnend.	O	O
... zickig.	O	O
... undankbar.	O	O
... wie Frauen.	O	O

Die richtige Antwort ist natürlich überall „Nein". All diese Vorurteile sind falsch. Warum glauben dann so viele Menschen hartnäckig daran und/oder sprechen in dieser Form von (ihren) Katzen?

Das hat hauptsächlich drei Gründe:

1. weil sie Katzen (auch nicht die in ihrem eigenen Haushalt), ihre Natur, ihre Bedürfnisse und ihre Kommunikationsweisen nicht kennen und deshalb nicht verstehen;
2. weil diese Menschen von sich selbst aus denken. Das heißt, sie schieben Katzen Eigenschaften unter, die sie (die Menschen) selbst haben oder die sie anderen Menschen zuschreiben. Eigenschaften, die Katzen aber gar nicht haben (können), weil sie Katzen sind;
3. weil viele Menschen durch solche Zuschreibungen gerne davon ablenken möchten, dass sie keine Ahnung haben und/oder im Umgang mit der Katze womöglich etwas falsch gemacht haben (womit sie leider meistens richtig liegen).

2.4
Eine Katze ist eine Katze

Eine Katze hat nicht dieselben Eigenschaften oder Eigenarten, die ein Mensch hat. Sie ist nicht nur anders als ein Mensch, sie braucht ihn nicht einmal.

> **Für sehr viele Menschen ist das vielleicht die schwerste Erkenntnis: dass ihre Katze auch sehr gut ohne sie klarkommen kann.**

Denn im Grunde wünschen sich viele, die eine Katze zu sich holen, dass das Tier nicht nur futtertechnisch, sondern auch emotional von ihnen abhängig ist. Das wiederum führt viele zu der falschen Annahme, Katzen, die bei ihnen nicht superkuschelig und anhänglich sind, seien kalt, egoistisch und hinterhältig.

Die meisten Menschen möchten außerdem, dass eine Katze „funktioniert", dass sie sich so verhält, wie sich die Menschen das vorgestellt haben und zwar ohne viele Fisimatenten. Außerdem soll sie bitteschön dankbar sein und lieb und liebevoll und verschmust und kuschelig und natürlich keinerlei Ärger machen.

Diese Denkweise ist eigentlich ganz typisch für Menschen. Aber sie ist leider oft fatal für die betroffenen Katzen. Denn sie werden nicht nur gesehen wie Menschen, sondern auch so behandelt. Und wenn sie dann nicht „funktionieren" – wenn sie sich also nicht so verhalten wie ein Mensch –, kann das Leben für sie sehr schwer werden.

Anders als viele Menschen denken, leiden Katzen sehr unter diesen Fehlern. Man sieht es ihnen aber nicht automatisch an. Denn sie weinen nicht wie Menschen, sie bekommen keine Augenringe, ihre Mundwinkel hängen nicht herunter und ihr Blick wird nicht leblos und stumpf. Katzen sind große Meisterinnen darin, nach außen hin normal zu sein – fast.

Wie vorhin schon erwähnt, sind Katzen keine Rudeltiere. In der Natur müssen sie alleine klarkommen. Wenn sie krank sind, können sie sich nicht in ein sicheres Rudel zurückziehen, das feindliche Tiere verjagt und das kranke Rudelmitglied schützt, füttert und pflegt.

Der beste Schutz, den Katzen haben, ist, den Anschein zu geben, dass sie kerngesund sind und dass alles um sie herum paletti ist.

Wenn irgendetwas nicht stimmt, äußert sich das bei Katzen deshalb auf andere Weise. Und zwar in der Form, die wir Menschen als Fehlverhalten oder Problem bezeichnen: sie pinkeln ins Bett, sie koten in den Flur, sie zerfetzen das neue Sofa, sie kratzen und beißen, sie kommen unterm Bett nicht mehr hervor.

Einige Katzen lassen ihre Hilflosigkeit und Aggressionen sogar an sich selbst aus – sie entwickeln Verhaltensweisen wie viele Zootiere. So drehen sich manche immerzu um sich selbst, beißen sich immer wieder in den eigenen Schwanz oder lecken sich das Fell so lange, bis die Haare ausfallen.

Was Sie also als problematisches Verhalten einstufen, ist in Wirklichkeit ein Alarmsignal der höchsten Stufe. Denn dieses Verhalten zeigt Ihnen, dass das Leben der Katze bei Ihnen dringend verbessert und artgerechter gestaltet werden muss.

3
Probleme mit Katzen

Es gibt in sehr vielen Haushalten Probleme mit Katzen – Sie sind damit nicht allein. Doch manchmal werden die Probleme der Katze gar nicht als Probleme erkannt, weil die Menschen zu wenig über Katzen wissen. Oder sie hören in ihrem Umfeld, dass anderer Leute Katzen sich auch so verhalten, und deshalb glauben sie, dass das Verhalten dann wohl normal sein muss. Selbst wenn es Ausdruck eines tiefgreifenden Problems ist.

Es können sich alle Katzen glücklich schätzen, deren Menschen sich nicht einfach irgendeine Information aus dem Internet oder dem Bekanntenkreis holen, sondern die kompetente Hilfe suchen und bereit sind, sich dauerhaft auf die notwendigen (oft nur sehr geringfügigen) Veränderungen einzulassen. Menschen, die wissen, dass Katzen nicht derselben Denk- und Anpassungsleistung fähig sind wie sie selbst, und die das von der Katze dann auch nicht erwarten, sondern einen Schritt oder sogar mehrere auf sie zumachen.

Ich kann hier nicht auf alle individuellen Probleme eingehen, die Menschen mit ihren Katzen (oder umgekehrt) haben. Doch resultieren viele Probleme aus sehr ähnlichen Umständen. Lesen Sie sich deshalb immer auch die Tipps für andere Probleme durch – Sie werden dabei ein Muster erkennen, das Ihnen dabei helfen kann, Ihre individuelle Situation zu verbessern.

Alle Tipps können aber nur positive Wirkung zeigen, wenn Sie wirklich geduldig und mit liebevoller Konsequenz dranbleiben.

3.1
Zuerst: tierärztliche Untersuchung!

Ich wiederhole noch einmal:

Lassen Sie IMMER erst bei einer tierärztlichen Untersuchung abklären, ob ein gesundheitliches Problem bei Ihrer Katze vorliegt.

Manche Schwierigkeiten mit Katzen können wirklich auf gesundheitlichen Problemen beruhen. Verletzungen (alte und frische), Nierensteine, Zahnschmerzen, Verstopfung der Analdrüsen, Schilddrüsenprobleme, Katzen-AIDS, Parasiten, Infektionen, Viren und so weiter – die Liste der gesundheitlichen Probleme, die Verhaltensänderungen bei der Katze hervorrufen können, ist noch viel länger. Auch ein falsches oder falsch eingestelltes Medikament, zum Beispiel bei einer chronischen Krankheit, kann die Ursache sein.

Alle in diesem Buch beschriebenen Maßnahmen werden nicht vollständig funktionieren, wenn die Verhaltensänderungen ursprünglich durch ein gesundheitliches Problem entstanden sind und dieses Gesundheitsproblem weiterhin besteht.

Wenn Sie Probleme mit Ihrer Katze haben, lassen Sie also grundsätzlich zuerst tierärztlich prüfen, ob Ihre Katze gesund ist. Eine Katze kann sehr krank sein, selbst wenn Sie äußerlich keine Symptome feststellen können. Es liegt in der Natur der Katze, zu ihrer eigenen Sicherheit so lange wie nur irgend möglich so auszusehen, als sei sie kerngesund, selbst wenn sie krank ist.

Hat die Katze eine chronische Krankheit, können Sie mit ihr die im Buch beschriebenen Maßnahmen dennoch an die Krankheit angepasst durchführen und der Katze zumindest das Leben etwas erleichtern und verbessern (sprechen Sie vor Beginn der Maßnahmen aber immer erst mit Ihrer Tierärztin). Wenn Sie sich wirklich geduldig und konsequent an die Maßnahmen halten, dann werden sie auch bei einer chronisch kranken Katze eine deutliche Besserung des Verhaltens erkennen können.

Alle Schwierigkeiten werden übrigens nicht automatisch beseitigt sein, sowie Ihre Katze wieder gesund ist. Viele Verhaltensweisen, die wegen gesundheitlicher Probleme entstanden sind, sind über die Zeit für die Katze zur Gewohnheit geworden. Sie werden deshalb in vielen Fällen die in diesem Buch vorgeschlagenen Maßnahmen auch nach der Genesung der Katze weiter durchführen müssen, um ihr die neuen Gewohnheiten schmackhaft zu machen.

Bitte beachten Sie:

Alle Maßnahmen, die ich in diesem Buch schildere, gehen davon aus, dass Ihre Katze gründlich tierärztlich untersucht wurde und körperlich gesund ist. Ist sie (noch) nicht gesund, besprechen Sie mit Ihrer Tierärztin, welche Maßnahmen Sie in welchem Ausmaß durchführen können.

3.2

Was ist problematisches Verhalten einer Katze?

Als Problem empfindet der Mensch das Verhalten einer Katze, wenn er darauf nicht vorbereitet ist und wenn es ihm auf irgendeine Weise unangenehm ist oder ihn stört. Selbst wenn die Katze nur tut, was ihrer Natur und ihrem Instinkt entspricht – ihr Verhalten entspricht dann nicht dem, was der Mensch von ihr erwartet. Zu diesen unerwünschten Verhaltensweisen gehören:

Die Katze

- … ist unsauber,
- … markiert in der Wohnung,

- … zerkratzt Möbel, Tapeten und anderes,
- … ist aggressiv,
- … beißt oder kratzt Sie (plötzlich),
- … verträgt sich nicht mit anderen Katzen,
- … miaut und nervt andauernd,
- … zeigt zwanghafte Verhaltensweisen,
- … lässt sich nicht streicheln,
- … steht Ihnen dauernd im Weg oder springt Ihnen vor die Füße,
- … spielt nicht mit Ihnen,
- … mag Ihre_n Partner_in nicht,
- … rast wie verrückt durch die Wohnung,
- … kommt unterm Bett nicht mehr hervor,
- … tanzt auf dem Tisch, wenn Sie weg sind,
- … verschwindet tagelang,
- … quartiert sich bei anderen Leuten ein,
- … frisst ihre Medikamente nicht,
- … lässt sich nicht einfangen,
- … will nicht nach draußen,
- … bringt immer Vögel ins Haus,
- … verhält sich während Ihres Urlaubs und danach anders als sonst
- … will immer raus, dann rein, dann raus, dann rein,
- … lässt sich nicht kämmen,
- … ist sehr dick.

Und dies sind nur die gängigsten Probleme mit Katzen.

Der Auslöser für ihr problematisches Verhalten kann aus der Zeit stammen, bevor die Katze zu Ihnen kam. Das Verhalten kann aber auch mit dem äußeren Umfeld zu tun haben. Nicht zuletzt kann es auch durch unbewusst falsches Handeln durch Sie so gekommen sein.

Katzen sind grundsätzlich sehr anpassungsfähig – aber nur bis zu einer gewissen Grenze. Wenn Sie Probleme mit Ihrer Katze haben, dann hat diese in der einen oder anderen Hinsicht offenbar die Grenzen ihrer Anpassungsfähigkeit erreicht und drückt dies durch ein verändertes Verhalten aus. Das bedeutet für Sie: jetzt sind Sie an der Reihe, einen Schritt oder mehrere auf Ihre Katze zuzumachen.

Die Katze schickt Ihnen mit der Verhaltensänderung nämlich ein Alarmsignal. Sie zeigt Ihnen damit, dass Sie nun etwas mehr über das lernen müssen, was die Katze benötigt und wie sie kommuniziert. Und dass Sie irgendetwas in Ihrem Verhalten und/oder im Umfeld der Katze umstellen müssen. Denn:

Wenn Sie ein Tier zu sich nehmen, dann bedeutet das immer eine Anpassung und Umstellung auf beiden Seiten.

Ihr Job ist es also jetzt, Ihre Katze besser kennenzulernen, sie sehr viel genauer zu beobachten, auf diese Weise die Gründe für ihr verändertes Verhalten herauszufinden und schließlich die hier im Buch beschriebenen Maßnahmen durchzuführen.

Sie werden ganz sicher beide davon profitieren: Sie und Ihre Katze.

4
Gründe für problematisches Verhalten einer Katze

Wie ich oben schon schrieb, können gesundheitliche Probleme die Auslöser für unerwünschtes Verhalten Ihrer Katze sein. Darüber hinaus gibt es aber auch eine Reihe anderer Gründe, die eine Katze zu einer Verhaltensänderung zwingen. Um Ihre Katze und das, was sie tut, zu verstehen, ist es wichtig, diese Gründe auf beiden Seiten zu betrachten: auf der Seite der Katze und auf Ihrer Seite.

4.1
Mögliche Gründe auf Seiten der Katze

- Die Katze wurde als Junges zu früh von der Mutter getrennt (mit weniger als 12 Wochen).
- Die Katze wurde als Junges in den prägendsten Wochen (2. bis 12. Woche) nicht ausreichend auf den Menschen und / oder auf andere Katzen sozialisiert.
- Die Katze wurde als Junges nicht ausreichend ernährt.
- Die Katze wird jetzt nicht ausreichend oder falsch ernährt.
- Die Katze hat die Geschlechtsreife erlangt.
- Die Katze ist nicht kastriert.
- Die Katze ist angespannt.
- Die Katze hat Angst.
- Die Katze ist gelangweilt.
- Es gibt einen Revierstreit mit einer anderen Katze oder mehreren.

- Die Katze hat einen starken Territorialinstinkt.
- Die Katze ist stärker instinkt-gesteuert als andere und dadurch weniger anpassungsfähig als andere.
- Die Katze trauert um ein anderes Tier oder einen Menschen, der gestorben oder weggezogen ist.
- Das Umfeld der Katze entspricht nicht ihren grundlegenden Bedürfnissen.
- Die Katze spiegelt das Verhalten der Menschen, mit denen sie zusammenlebt.

4.2

Mögliche Gründe auf Seiten der Menschen

Der häufigste Grund für Probleme mit Katzen ist, dass der Mensch nicht genügend über Katzen, ihre Natur, ihre Signale und ihre Bedürfnisse weiß. Daraus ergeben sich ganz typische Fehler.

4.2.1

Falsches, übergriffiges Verhalten

- Der Mensch überschreitet die Grenzen der Katze.
- Der Mensch übersieht oder misinterpretiert ihre Signale.
- Der Mensch bedroht die Katze.
- Der Mensch schreit die Katze an.
- Der Mensch bestraft die Katze (zum Beispiel mit Klapsen, indem er ihre Nase in Urin oder Kot drückt, die Katze von sich wegschubst, sie hochnimmt und von sich wegwirft und anderes).
- Der Mensch nimmt sich zu wenig Zeit für die Grundversorgung der Katze (Spielen, Füttern, Säubern der Futter- und Toilettenplätze, Säubern der Schlafplätze, Streicheln).

- Der Mensch hat zu wenig Geduld mit sich und der Katze.
- Der Mensch ist inkonsequent im Umgang mit der Katze.

4.2.2
Die Katze zum Kätzchen machen

Viele Menschen tragen ihre Katzen hin und her. Sie heben sie von ihrem erhöhten Sitzplatz herunter, wenn sie fressen kommen sollen, sie heben sie vom Stuhl herunter, wenn sie sie auf ihrem Schoß haben oder mit ihr spielen wollen. Und sie behandeln sie die ganze Zeit wie ein Baby.

Das infantilisiert die Katze, das heißt, es hält sie dauerhaft im Stadium eines kleinen Kätzchens, das alles von seiner Katzenmutter bekommt und das noch keine Verantwortung für sich selbst tragen muss. Werden erwachsene Katzen wie kleine Kätzchen behandelt, kann das weitere Probleme nach sich ziehen, zum Beispiel endloses Miauen, bis die Katze ihren Willen (oder Fressen oder Leckerli) bekommt.

4.2.3
Unpassendes Lebensumfeld für die Katze, Missachtung ihrer Grundbedürfnisse

- Die Katze hat keinen Freigang.
- In der Umgebung herrscht zu viel Lärm.
- Es gibt ein oder viele Kinder und / oder Kleinkinder im direkten Umfeld, die der Katze Angst machen.
- Die Katze hat zu wenig Bewegungsraum.
- Die Katze hat keine Schutz- und Ruhezonen und keine Fluchtmöglichkeiten.
- Das Umfeld der Katze ist langweilig und ohne Abwechslung.
- Die Katze bekommt keinen Spiel- und Jagdersatz.

- Die Katze hat keine räumlich getrennten Plätze für Schlaf, Futter und Toilettengänge.
- Die Katze hat keine frei zugänglichen Plätze für ihre Grundbedürfnisse (Schlaf, Futter, Toilette).
- Die Futterplätze und Toiletten befinden sich an unpassenden Orten.
- Es herrscht mangelnde Hygiene vor (an Toiletten, Futterplätzen, Schlafplätzen).
- Die Katze bekommt falsches Futter, das ihr nicht bekommt.
- Die Katze bekommt zu wenig oder zu viel Futter.
- Die Katze bekommt nicht genügend frisches Trinkwasser.
- Die Katze hat keine angemessenen Kratzmöglichkeiten.
- Es bestehen zu viele Stressfaktoren auf einmal (Rauchen, Musik, Maschinenlärm, Trampeln, Rennen, Schreien und so weiter).
- Der Mensch füttert (revier-) fremde Katzen mit.
- Der Mensch füttert alle Katzen aus einem Napf.
- Es befinden sich zu viele fremde Katzen in Sichtweite des Reviers der Katze.
- Es befindet sich mehr als eine Katze im Haushalt.
- Es befinden sich zu viele Katzen auf zu kleinem Raum.

Und leider ist das noch nicht das Ende der Liste – es gibt zahlreiche weitere Faktoren.

Ein Faktor, den ich hier noch nennen möchte, ist, dass Menschen ihre Katzen sehr viel seltener zur Tierärztin bringen als ihre Hunde. So werden Krankheiten, die Fehlverhalten auslösen können, oft gar nicht oder erst sehr spät erkannt und das Tier manchmal einer unnötigen Quälerei ausgesetzt.

Im Kapitel „So können Sie Probleme mindern oder lösen" (Seite 96) gehe ich genauer darauf ein, welche Gründe welches problematische Verhalten auslösen können und was Sie dagegen tun können.

5
Allgemeine Tipps für den Umgang mit Katzen

Oftmals kommen bei Problemen mit Katzen mehrere der im vorigen Kapitel genannten Gründe zusammen. Manche Katzen können mit einem, manchmal auch noch mit zwei oder drei dieser Gründe klarkommen. Doch meistens ist es so, dass Katzen irgendwann, wenn noch ein weiterer Grund hinzukommt, Verhaltensweisen entwickeln, die ihr Mensch als Problem einstuft.

Um problematisches Verhalten entweder von vornherein zu vermeiden, um es zu mindern oder sogar ganz abzustellen, gibt es viele Dinge, die Sie beachten müssen.

Katzen zeigen Ihnen ganz genau – wenn auch häufig nur sehr subtil – was sie benötigen. Wenn diese Signale sehr deutlich sichtbar werden, nämlich durch unerwünschtes Verhalten, dann ist es höchste Zeit, etwas dagegen zu unternehmen. Deshalb müssen Sie sich zunächst sehr viel stärker mit der Katze beschäftigen und ihre Signale erkennen und interpretieren lernen.

Anschließend sollten Sie Ihr Verhalten und das Umfeld so gut wie möglich an die Bedürfnisse der Katze anpassen, denn nur so kann Ihrer beider Zusammenleben wirklich gut ausgehen.

Um diese Anpassungen vornehmen zu können, erkläre ich Ihnen zunächst die Kommunikationssignale der Katze. Dann gebe ich Ihnen ein paar grundlegende Tipps für Ihr Verhalten im Umgang mit Ihrer Katze. Anschließend zeige ich Ihnen, welche Dinge meist gar nicht funktionieren oder sogar zum Schaden der Katze sind.

Und im darauffolgenden Kapitel erkläre ich Ihnen anhand der gängigsten Probleme, was Sie jeweils dagegen unternehmen können.

5.1
Die Kommunikationssignale der Katze verstehen

Die Kommunikationssignale der Katzen sind sehr fein. Das, was viele Menschen als Signal wahrnehmen (wie das Fauchen oder das Schlagen mit ausgefahrenen Krallen), ist meist schon das Ende der Fahnenstange für die Katze. Andere Signale erkennen Menschen nicht oder übersehen sie, weil sie glauben, die Katze wird sich schon beruhigen oder es wird schon nicht so ernst sein.

Allein das Übersehen oder Nichtverstehen der Signale kann aber schon Probleme hervorrufen oder zumindest verstärken. Und je länger Sie die Signale fehlinterpretieren oder gar nicht erkennen, desto länger wird sich das Problem hinziehen – da werden auch alle Tipps in diesem Buch wenig helfen.

Doch funktioniert auch das Gegenteil: wenn Sie anfangen, die Signale der Katze konsequent zu beachten und richtig darauf zu reagieren, können Sie in der Regel feststellen, dass sich auch das Verhalten der Katze verändert.

Ein Beispiel: Eine Katze hat immer zugeschlagen, wenn Sie sie zu lange oder an der falschen Stelle gestreichelt haben. Wenn die Katze aber weiß, dass Sie sofort mit dem Streicheln aufhören, wenn sie Ihnen auch nur das kleinste Signal gibt, dann kann sie sich viel leichter enstpannen. Sie kann sogar das Streicheln plötzlich viel länger genießen.

Wenn eine Katze sich von ihrem Menschen verstanden fühlt, werden die Probleme automatisch weniger. Und die Bindung zwischen Ihnen beiden wird viel enger.

Deshalb sollten Sie ab jetzt Ihre Katze haargenau beobachten, bis Sie ihre Signale erkennen. Lernen Sie mindestens diejenigen Signale, mit denen die Katze Ihnen zeigt, dass Sie gerade ihre Grenzen überschreiten.

Einige der wichtigsten und für den Menschen am leichtesten erkennbaren Signale der Katze, mit denen sie Ihnen ihre Grenzen oder ihren guten Willen zeigt, stelle ich Ihnen hier vor, von Kopf bis Fuß.

5.1.1

Signale des Kopfes

„Köpfchen" geben

Katzen geben einander, aber auch der merkwürdigen „Großkatze" Mensch zur Begrüßung „Köpfchen". Dabei berühren sich ihre Köpfe zuerst an der Stirn, und dann reiben sie den seitlichen Kopfteil aneinander. Durch dieses Aneinanderreiben hinterlässt die Katze an ihrem Gegenüber ihre Duftstoffe und nimmt gleichzeitig dessen Duftstoffe auf.

Mit ihren eigenen Duftstoffen markiert sie ihr Revier. Sie signalisieren ihr, dass sie hier zu Hause ist, und sie braucht sie, um sich wohlfühlen zu können. Wenn alles vertraut riecht, dann weiß sie, dass dies ein Ort ist, an dem sie sich wohlfühlen kann. Auch wenn sie ihren Duft mit dem anderer Katzen (oder Menschen) mischt, signalisiert ihr das, dass diese Katze (oder dieser Mensch) in Ordnung ist.

Das Köpfchengeben signalisiert Ihnen also, dass Ihre Katze sich in Ihrer Anwesenheit wohlfühlt und Ihnen in diesem Moment vertraut. Und sollte Ihr Kopf gerade nicht in erreichbarer Nähe sein, begnügt sie sich auch mit Ihrem Bein zur Begrüßung (das ist mit ein Grund, warum sie Ihnen um die Beine streicht). Diese Begrüßung kann mehrmals am Tag und auch ein paarmal hintereinander stattfinden.

5.1.2

Signale der Ohren

Die Ohren haben eine sehr große Bedeutung in der Kommunikation der Katzen – Sie können viel aus ihrer Stellung und Bewegung herauslesen, auch wenn die Katze ganz ruhig dasitzt oder -liegt. Doch sind die Signale oft sehr subtil; Sie müssen also genau hinschauen.

Flach zurückgelegte Ohren

Am bekanntesten sind die ganz flach nach hinten gelegten Ohren. Häufig kommen gebleckte Zähne und ein Fauchen hinzu. Die angelegten Ohren sind ein Zeichen dafür, dass die Katze sich für einen Angriff wappnet – aber nicht für einen eigenen Angriff, sondern einen Angriff ihres Gegenübers (einer anderen Katze, eines anderen Tiers oder von Ihnen). Die Katze legt die Ohren als vorsorgliche, defensive Sicherheitsmaßnahme an, damit ihr Gegenüber ihr die feinen Ohren bei einem Angriff nicht zerschreddern kann.

Dass es nur eine defensive, vorsorgliche Maßnahme ist, heißt aber nicht, dass die Katze nicht in Kürze selbst einen Angriff starten wird. Wenn Sie also eine Katze vor sich haben, die die Ohren angelegt hat, sollten Sie sie sofort in Ruhe lassen und selbst den Rückzug antreten. Es sei denn, Sie müssen mit ihr jetzt sofort zu einer tierärztlichen Untersuchung – dann führt erst einmal nichts daran vorbei. Aber wappnen Sie sich in diesem Fall für Kratzer oder Bisse.

Ohren nach hinten gedreht und gekippt, aber nicht anliegend

Dem Gegenüber die Rückseite der Ohren zu zeigen, ist bei Katzen ein Zeichen von Aggressivität und einem bevorstehenden Angriff. Zeigt Ihnen Ihre Katze die Rückseite ihrer Ohren und bleiben die so stehen, dann lauscht sie nicht notwendigerweise, ob hinter ihr etwas vor sich geht, sondern macht sich möglicherweise für einen Angriff auf Sie bereit. Dann sollten Sie in jedem Fall sofort weggehen (s. dazu auch Weggehen).

Ohren sind nach vorne gerichtet und ruhig

Diese Ohrenstellung bedeutet, dass die Katze entspannt ist und nichts Negatives erwartet. Wenn die Katze liegt und sich die Ohren selbst bei Geräuschen in der direkten Umgebung nicht bewegen, dann zeigt das im Normalfall, dass die Katze sehr tief schläft – Sie sollten sie dann nach Möglichkeit nicht streicheln oder wegen irgendetwas wecken. Sollte es nötig sein, sie zu wecken, sollten Sie sie leise ansprechen, bis sie reagiert und aufwacht.

Ohren sind nach vorne gerichtet und bewegen sich ruhig mal in diese, mal in jene Richtung (im Liegen oder Sitzen)

Dies bedeutet, die Katze ist entspannt und horcht, was um sie herum vorgeht. Sie befürchtet nichts, sie lauscht den Geräuschen nur neugierig. Aber sie findet die Geräusche nicht interessant genug, um extra aufzustehen und sich anzuschauen, was da passiert.

Ohren sind weit nach vorne gerichtet und gespitzt (meist im Sitzen oder Stehen)

In diesem Fall konzentriert sich die Katze auf etwas, das vor ihr liegt, sitzt oder steht, z. B. eine mögliche Beute oder ein Spielzeug. Wenn es sich bewegt oder einen genügend interessanten Eindruck erweckt, wird sie sich aufrichten, wenn sie noch liegt, eine Pfote ausstrecken und es ein bisschen schubsen, um zu sehen, was dann passiert.

Ohren zucken

Meistens bedeutet das Zucken der Ohren, dass sich ein Fussel, ein Haar oder ein Insekt in den Ohrhaaren verfangen hat. Mit dem Zucken versucht die Katze, es loszuwerden.

Das Zucken kann aber auch Anspannung bedeuten. In diesem Fall sollten Sie beobachten, welche Signale die Katze außerdem abgibt, damit Sie einschätzen können, warum sie angespannt ist, wie stark diese Anspannung ist, und ob Sie etwas dagegen unternehmen können (weggehen zum Beispiel).

5.1.3
Signale der Augen

Die Augen haben eine wichtige Funktion in der Kommunikation, denn selbst wenn eine Katze es schaffen könnte, sich bewusst mit anderen Signalen zurückzuhalten, kann sie die Veränderung ihrer Pupillen nicht kontrollieren. Deshalb sollten Sie immer auch auf die Augen Ihrer Katze achten.

Veränderung der Form der Augen

Manchmal verändert sich die Form der Augen. Es ist nur eine winzige Veränderung, oft kaum zu erkennen, aber das obere Lid, das normalerweise gebogen ist, wird plötzlich gerade. Das zeigt oft Missfallen oder einen inneren Konflikt an. Auf jeden Fall sollten Sie das, was Sie tun, sofort sein lassen. Wenn Sie sehen, dass das Lid wieder gebogen ist, können Sie das, was Sie tun wollten (zum Beispiel streicheln), noch einmal versuchen, aber wenn das Lid sich wieder verändert oder die Katze ein anderes Signal des Missfallens gibt, lassen Sie es besser ganz sein.

Vergrößerung der Pupillen

Wenn sich der Schwanz einer Katze gar nicht oder nur ganz sanft bewegt, aber die Pupillen plötzlich weit werden, sollten Sie vorsichtig sein. Bei einer Katze bedeutet das Erweitern der Pupillen, dass sie irgendetwas ängstigt, aufregt oder ihr ganz und gar missfällt. Das kann blitzschnell darin münden, dass sie mit ausgefahrenen Krallen zuschlägt. Ziehen Sie sich also besser ein wenig zurück – das signalisiert der Katze: *Ich wollte dir nicht zu nahe kommen, ich lasse dich in Ruhe.*

Direktes Starren in die Augen

Katzen, zu denen man ein Vertrauensverhältnis aufbauen möchte, sollte man niemals direkt in die Augen starren. Denn dieser Blick, wenn er länger als ein, zwei Sekunden andauert, bedeutet unter Katzen große Aggression. Damit signalisiert sie: *Ich drohe dir! Hau ab! Geh mir aus dem Weg! Verschwinde aus meinem Revier!*

Wenn ein Mensch sie anstarrt, interpretieren sie dies genau so. Sie sollten also – insbesondere bei einer ängstlichen Katze – den direkten Blick in die Augen vermeiden. Das ist sicher für manche gewöhnungsbedürftig, weil der lange Blick in die Augen bei uns Menschen meist positiv besetzt ist. Aber wenn Sie das Vertrauen Ihrer Katze gewinnen und ihr Sicherheit geben wollen, müssen Sie sich daran halten.

Anders ist es, wenn Sie eine Katze ganz bewusst und auf Katzenart von Ihrem Grundstück verscheuchen wollen. Viele Menschen machen das durch Geschrei, Händeklatschen oder andere laute Geräusche, vor denen sich die Katze erschreckt. Oder sie bespritzen oder überschütten sie sogar mit Wasser. Das sind Brachialmethoden, die der Katze nur Angst einjagen. Und sollte Ihre Katze in der Nähe sein, wird auch sie Angst bekommen, denn sie weiß ja nicht, dass sie gar nicht gemeint ist. Das kann das Vertrauen der Katze in Sie erschüttern und Probleme verstärken.

Viel besser ist es da, wenn Sie der fremden Katze einfach nur in die Augen starren. Wenn sie mutig ist, wird sie eine Weile zurückstarren. Das ist aber nur ein Austesten der Hierarchie: geben Sie nach und schauen weg, dann hat die andere Katze den Sieg über Sie errungen. Bleiben Sie aber konsequent und starren der Katze in die Augen, dann ist das der katzentypische und friedlichste Weg, die Katze zu verscheuchen. Es wird kein dauerhaftes Verscheuchen sein, sie wird immer wieder auf Ihr Grundstück kommen, doch das lässt sich ohnehin nicht vermeiden. Aber immerhin verängstigen Sie sie dadurch nicht und bereiten damit nicht den Weg für problematisches Verhalten.

Mehrfaches, langsames Schließen und Öffnen der Augen

Es gibt neben dem „Köpfchen geben" eine weitere Freundschaftserklärung unter Katzen: das mehrfache, langsame Schließen und Öffnen der Augen. Es besagt: *Ich bin deine Freundin, ich tu dir nichts, ich bin entspannt, du kannst es auch sein.*

Wenn Sie sehen, dass Ihre Katze Sie anschaut und dann zweimal oder öfter die Augen langsam schließt, wieder öffnet, wieder schließt und so weiter, dann sollten Sie ihr dieses Signal zurückgeben. Schließen und öffnen Sie Ihre Augen ebenfalls ein paarmal. Meistens ist dreimal genug. Dann dreht die Katze den Kopf weg, und macht, was sie machen will. Sie weiß durch Ihr Signal: *Alles ist gut, wir sind Freundinnen, wir tun einander nichts, wir sind entspannt.*

Es wird nicht immer funktionieren, weil Ihre Katze es nicht jedesmal für wichtig erachtet, Ihnen zu antworten oder Ihnen zu bestätigen, dass auch sie entspannt ist. Das zeigt sie oft auch schon auf andere Weise (dadurch, dass sie Sie nicht angreift, zum Beispiel). Aber häufig funktioniert es eben doch. Und danach geht jede_r von Ihnen beiden wieder ihrer eigenen Wege.

Warum ist diese gegenseitige Bestätigung wichtig? Sie ist ein elementares Signal für die Katze, dass sie sich entspannen kann, dass alles in Ordnung ist, selbst wenn es gerade aufgrund anderer Faktoren nicht in Ordnung zu sein scheint. Es zeigt der Katze auch, dass Sie ihre Sprache sprechen, dass Sie sie verstehen. Das gibt einer Katze ungeheuer viel Sicherheit und bereitet den Boden für eine Entspannung der problematischen Situation.

5.1.4
Signale rund um Maul und Kehle

Auch das Maul und die Kehle sind wichtige Signalgeber einer Katze, und das geht deutlich über das Miauen hinaus.

Einmaliges oder mehrfaches Lecken von Maulspitze (und Nase)

Mit einem einmaligen oder mehrfachen Lecken nur von Maulspitze (und Nase) signalisiert die Katze, dass sie verdutzt, leicht gereizt oder sogar gestresst ist. Vielleicht stört sie ein Geräusch oder etwas, das Sie gerade tun (anschauen, wahrnehmen, hochheben, streicheln oder anderes).

Manchmal bemerkt man dieses Lecken, wenn die Katze gerade erst aufgewacht ist und man sie streichelt, noch bevor sie den Kopf überhaupt gehoben hat. Hebt sie den Kopf dann und leckt sie sich kurz die Maulspitze (und die Nase), sollten Sie sie sofort wieder in Ruhe lassen, damit sie erst einmal in Ruhe aufwachen kann oder sich wieder schlafen legen kann. Oft endet das kurze Lecken in einem Gähnen (siehe „Gähnen" weiter unten).

Sehr häufig sieht man das Lecken, wenn Katzen hochgehoben und auf dem Schoß oder in der Luft festgehalten werden. Mit diesem Signal zeigt die Katze, dass ihr diese Nähe zu viel ist und dass sie nicht will, dass andere über sie in dieser Form bestimmen.

Je nach Gemüt und Stimmung lassen manche Sie dennoch gewähren, andere setzen sich zur Not auch mit Krallen zur Wehr. Sie sollten die Katze in jedem Fall sofort wieder absetzen und in Ruhe lassen. Schimpfen Sie nicht mit ihr, denn nicht die Katze hat etwas falsch gemacht. Sie selbst haben sich über den Willen und die Komfortdistanz der Katze hinweggesetzt.

Gähnen

Wenn eine Katze gähnt, kann das eine ganz normale Reaktion sein wie bei Menschen, um die Sauerstoffzufuhr zum Gehirn wieder zu erhöhen.

Das Gähnen kann aber auch eine Stressreaktion sein. Wenn Sie die Katze, zum Beispiel, gerade geweckt haben und sie darüber nicht erbaut ist, dann gähnt sie erst einmal. Oder auch, wenn Sie den Komfortabstand der Katze unterschritten haben.

Das Gähnen verschafft ihr ein wenig Zeit, um sich für eine Reaktion zu entscheiden: *Ignorieren und weiterschlafen? Weggehen? Die Krallen ausfahren?* Diesem Gähnen geht manchmal erst noch ein kurzes Lecken von Maulspitze und / oder Nase voran (siehe oben).

Sie sollten die Katze auch beim Gähnen nicht bedrängen oder nötigen. Gehen Sie ein paar Schritte weg und lassen Sie sie in Ruhe. Wenn sie Lust hat, sich nun doch von Ihnen streicheln zu lassen, dann wird sie Ihnen folgen. Wenn nicht, dann sollten Sie das akzeptieren.

Schnurren

Schnurren wird meistens als Signal der Zufriedenheit und positiven Stimmung gedeutet. Damit sagt die Katze: *Ich bin entspannt, mir geht es gut.* Aber Schnurren kann weit mehr bedeuten.

Manchmal erlebt man es bei Katzen, dass sie schnurren, während sie in der Nähe des Mauselochs oder vor einem Mauerspalt auf Beute warten, egal, ob da gleich Mäuse oder Weberknechte herauskommen. Oder sie sitzen erwartungsvoll vor Ihnen, in der Hoffnung, dass Sie mit ihr spielen. Dann ist das Schnurren ein Zeichen der Aufregung oder Vorfreude.

Es kann aber auch ein Zeichen dafür sein, dass die Katze starke Schmerzen hat. Dann dient ihr das Schnurren, so nimmt man an, zur Beruhigung.

Miauen

Die Katze hat ein großes Repertoire an Miau-Lauten. Wenn sie an den Menschen gerichtet sind, werden sie von diesem häufig als „Betteln" oder „Herumkommandieren" interpretiert. Das ist aber eine Form der Vermenschlichung der Katze. Denn der Mensch interpretiert das, was die Katze tut, nicht nur allein anhand menschlicher Vorstellungen von der Katze, sondern ausschließlich negativ. Darüber hinaus geht diese Interpretation davon aus, dass die Katze über den Menschen bestimmen will, also in der Hierarchie über ihm stehen will – selbst wenn das eher selten der Fall ist.

Man muss in erster Linie sagen, dass der Mensch diese Laute bei der Katze in der Regel überhaupt erst hervorgerufen hat oder sie täglich verstärkt (zum Beispiel durch ständiges Reden mit der Katze). Erst fördert er dieses Verhalten, und dann bewertet er es negativ – das allein ist schon keine gute Basis für das Beenden von Problemen.

Katzen miauen in der Natur meist selten, denn Lautäußerungen sind für sie nicht nur in der Regel sinnlos, sondern können auch gefährlich sein (ein möglicher Feind könnte sie so kinderleicht ausfindig machen). Ihr größter Vorteil ist ja, dass sie so leise und unbemerkt durch die Welt gehen können – das Miauen wäre da kontraproduktiv.

Im Umgang mit Menschen dagegen miauen Katzen sehr häufig. Denn der Mensch hält die Katze nicht wie ein ausgewachsenes Tier, sondern als kleines Kätzchen, dem er zeigen muss, wo es langgeht. Er redet mit ihr, trägt sie herum und geht (meist fälschlich) davon aus, dass sie das so gut findet, wie er. Und sie spiegelt sein Verhalten – behandelt er sie wie ein Baby, verhält sie sich so. Nur manchmal versucht sie, aus der Masche auszubrechen, doch meist versteht der Mensch ihre Signale dann nicht.

Stattdessen interpretiert er das Miauen der Katzen sehr negativ, als Betteln, Herumkommandieren, Terrorisieren. Nichts davon ist der Fall. Jedes Miauen ist eine Reaktion darauf, wie Sie mit Ihrer Katze umgehen.

Viele der Lautäußerungen von Katzen sind denen der Katzenkinder ähnlich. Die teilen sich der Mutter mit, und zwar mit ganz lebensnotwendigen Nachrichten: *Hier bin ich, wo bist du?* oder *Ich habe Hunger, gibt es etwas zu essen?* Dem Menschen gegenüber sind diese Mitteilungen außerdem von der Art *Ist das Leckerli etwa für mich?* oder *Juhu, gleich gibt's Essen, gleich gibt's Essen!* oder *Spielst du jetzt mit mir? Und jetzt? Und jetzt?* und Ähnliches.

Wenn der Mensch dieses Miauen durch sein Verhalten bestärkt, indem er mit der Katze redet, auf das Miauen mit einer Lautäußerung oder einer Handlung reagiert, wird die Katze es natürlich nicht von selbst ablegen.

Das Miauen kann aber auch noch andere Dinge ausdrücken: die Suche nach Ihnen, Angst, Ansporn oder Begrüßung. Und manchmal miauen Katzen auch ein bisschen im Schlaf.

Übrigens: je lauter und kräftiger das Miauen ist, desto größer ist das Bedürfnis oder die Angst der Katze. Sie sollten also immer prüfen, warum die Katze miaut. Sie hat immer einen Grund dafür, und der ist nie, dass sie Sie terrorisieren oder herumkommandieren will.

Wichtig ist also, immer die Zusammenhänge sehr genau zu beobachten: Wann kommt das Miauen genau und wie klingt es? Wie reagieren Sie normalerweise darauf? Welche Verhaltensweisen haben Sie damit bei der Katze bestärkt? (Mehr dazu auch im Kapitel „Auf die Katze einreden", Seite 82.)

Fauchen

Das Fauchen ist ein Signal der Abwehr und der Warnung. Es sagt: *Komm bloß nicht näher!* Und Sie wären gut beraten, wenn Sie dann auch wirklich nicht näher kämen.

Knurren

Viele Menschen hören von ihren Katzen nie etwas anderes als Miauen, Schnurren und vielleicht ab und zu mal ein Fauchen. Sie sind dann ganz überrascht, dass ihre Katze knurren kann, und dass das gar nicht so anders klingt als beim Hund. Es hat auch die gleiche Bedeutung: *Da wagt sich ein anderes Tier (wie ein Hund oder ein Mensch) in mein Revier oder in die Sichtweite meines Reviers. Hau bloß ab!*

Sie sollten die Katze in diesem Moment nicht beruhigend streicheln, denn es könnte sein, dass die Aggression, die sich da gerade angestaut hat, über die Krallen oder Zähne der Katze in Ihrer Hand landet. Beruhigen kann sich eine Katze ganz von selbst.

Lecken oder Saugen am Menschenkörper

Manche Katzen haben die Angewohnheit, beim Treteln an der Haut zu saugen oder zu lecken, ganz so, als würden sich da die Zitzen ihrer Mutter befinden. Für eine Katze ist dies ein Ausdruck großen Wohlbefindens, sie ist vollkommen entspannt, und es geht ihr gut. Katzen, die dies tun, sind wahrscheinlich viel zu früh von ihrer Mutter getrennt worden, das heißt, sie wurden nie von der Mutter entwöhnt und haben dieses kindliche Verhalten deshalb beibehalten.

Da das Saugen und Lecken oft mit dem Treteln auf einem anderen Körperteil des Menschen einhergeht, kann das für Sie sehr schmerzhaft sein. Achten Sie darauf, die Katze in diesem Fall nicht mit lautem Schreien, Schimpfen oder einer abrupten Bewegung von Ihrem Körperteil zu entfernen (zum Beispiel vom Schoß herunterzuschubsen). Das würde die Katze als Strafe für schlechtes Verhalten interpretieren. Und es würde das Tier zu recht verwirren, denn wie kann Wohlgefühl schlecht sein? Heben Sie sie daher sanft und vorsichtig herunter, streicheln Sie die Katze und loben Sie sie direkt, nachdem Sie sie vom Schoß genommen haben. So bleibt das Ganze für die Katze dennoch ein positives Erlebnis und verwirrt sie nicht genug, um irgendwann zum Problem zu werden.

5.1.5
Signale rund um den Rumpf

Am Rumpf der Katze sitzen nicht nur einige der verletzlichsten Zonen der Katze. Dort sitzen auch einige der wichtigsten für die Kommunikation. Allein anhand der Haltung des Rumpfes können Sie viel erkennen.

Buckel

Es gibt zwei Arten von Buckeln bei der Katze. Den einen macht sie, wenn sie geschlafen hat, aufsteht und sich dann streckt und dehnt, um entweder wegzugehen oder sich in anderer Körperhaltung wieder schlafen zu legen.

Der andere Buckel ist ein aggressives Signal. Mit einem Buckel macht sich die Katze größer als sie ist. Damit will sie anderen Tieren gegenüber (Katzen, aber auch Hunden oder Menschen) zeigen, dass sie eine Gegnerin ist, mit der man sich nicht anlegen sollte. Meist geht dieser Buckel mit gesträubtem Fell einher.

Gesträubtes Fell

Wenn eine Katze ihr Fell sträubt, hat das eine ähnliche Funktion wie der Buckel: es lässt sie größer und gewichtiger erscheinen und ist dann ein Zeichen für Aggression und Wut.

Sie kann das Fell aber auch ohne Buckel sträuben, und dann drückt es meist weniger Aggression als Missfallen, Erregung oder Abwehr aus. Manchmal bedeutet ein gesträubtes Fell auch, dass die Katze sich gerade sehr erschreckt hat und automatisch auf Abwehr schaltet.

Katze biegt sich weg von Ihnen

Wenn eine Katze vor Ihnen sitzt und Sie sie streicheln, dann können Sie manchmal eine ganz kleine Bewegung bemerken: die Katze nimmt den Kopf etwas zurück oder biegt den Körper ein bisschen weg von Ihnen. Damit zeigt sie Ihnen, dass Sie sie grundsätzlich mag und dass es für sie o. k. ist, so nah beieinanderzusitzen, dass sie aber jetzt gerade keine Lust auf Berührungen hat oder ihr die Berührungen unangenehm werden.

Dann sollten Sie sofort die Hände von ihr nehmen und sie in Ruhe lassen. Wenn Sie sie jetzt weiter streicheln, kann es passieren, dass sie weggeht, weil sie dann doch lieber nicht mehr in Ihrer Nähe bleiben möchte. Oder sie greift zur Brachialabwehr und kratzt oder beißt Sie.

Wenn sie sitzenbleibt und sich wieder entspannt, können Sie es noch einmal mit dem Streicheln probieren. Achten Sie dabei genau auf die Reaktion der Katze. Es kann durchaus sein, dass sie das Streicheln nun zulässt. Aber genauso gut kann es sein, dass sie definitiv nicht mehr gestreichelt werden möchte. Dann sollten Sie sie in Ruhe lassen.

Katze liegt auf dem Rücken und zeigt Ihnen den Bauch

Dies ist eins der freundlichsten Signale der Katze, die in der Regel nur die vertrautesten Familienmitglieder zu sehen bekommen. Denn auf dem Rücken liegend ist die Katze sehr verletzlich. Dies ist die einzige Position, aus der sie länger fürs Aufspringen und Fliehen braucht als jede andere Position.

Grundsätzlich bedeutet dieses Signal: *Schau, ich liefere mich dir aus, ich tu dir nichts, tu du mir bitte auch nichts!* Manche Menschen denken, die Katze fordert sie mit diesem Signal auf, sie am Bauch zu streicheln. Doch davon sollten Sie nie automatisch ausgehen – das kann für Sie mit sehr schmerzhaften Kratzern enden.

Denn das Zeigen ihres Bauches ist absolut keine Einladung – eine Katze ist kein Hund. Im Gegenteil: für viele Katzen ist der Bauch eine Tabuzone, und ihn Ihnen zu zeigen bedeutet: *Streichel mich bloß nicht, ich will das gerade nicht, aber ich will dir wenigstens zeigen, dass Frieden zwischen uns herrscht.*

Die Katze beobachtet den Menschen aus dieser Position heraus sehr genau, um zu prüfen, ob der in schlechter Absicht gekommen ist. Wenn dann auch noch ihr Schwanz leicht schlägt, dann zeigt sie Ihnen damit: *Ich weiß nicht, ob ich nicht doch aufspringen und dich begrüßen oder doch lieber liegenbleiben soll.* Sie ist also in einem Konflikt (siehe auch „Signale mit dem Schwanz", Seite 48). Und manchmal verändert sich auch die Augenform, was ausdrückt, dass sie langsam nicht mehr so gut gestimmt ist (siehe auch „Signale der Augen", Seite 35).

Sollte die Katze auf Ihren Annäherungsversuch nun mit Kratzen oder Beißen reagieren, dann schimpfen Sie nicht mit der Katze, denn nicht sie hat etwas falsch gemacht. Sie haben nur dieses Signal nicht erkannt. Lassen Sie im Zweifel immer die Finger vom Bauch der Katze.

Haut zuckt

Es gibt zwei verschiedene Arten von Hautzucken. Zum einen zuckt die Katze an einer Stelle, weil dort irgendetwas ist, das sie stört oder juckt, vielleicht ein pieksendes Haar oder auch ein Floh. Wenn es nach dem Zucken aufhört, bleibt sie liegen, wenn es weitergeht, putzt sie sich an der Stelle.

Ein anderes Zucken ist, wenn die Katze irgendwo sitzt und das Fell an einer Stelle am unteren Rücken zuckt. Manchmal kann das von alten Verletzungen herrühren, die entweder noch schmerzhaft sind oder an die die Erinnerung noch sehr stark ist. Doch manchmal kann dieses Zucken auch Missfallen oder Unwillen ausdrücken. Manche Katzen z. B. sind nicht ganz so springfreudig und zucken fast jedesmal mit dem Fell am Rücken, wenn sie ihr Ziel erreichen wollen (die Fensterbank, zum Beispiel), es aber nicht ebenerdig erreichbar ist.

Und nicht zuletzt kann das Zucken auch eine Art Unentschlossenheit ausdrücken: *Soll ich springen oder nicht?*

Putzen des Fells

Katzen putzen ihr Fell aus verschiedenen Gründen. Zum einen säubern sie es dadurch von Schmutz, der beim Liegen und Sitzen im Fell gelandet ist. Zum anderen sorgt das Putzen dafür, dass die Fellhaare wieder alle optimal liegen, damit sie die Katze gegen zu viel Kälte oder Hitze schützen können.

Bei Hitze sorgt das Putzen sogar dafür, dass die Katze, die nur über die Pfoten schwitzen kann, durch den Speichel Feuchtigkeit auf die Haut bekommt, die dort verdunstet und für Kühlung sorgt. Das Putzen hilft auch dabei, die wasserabweisende Schicht auf den Haaren weiterhin wasserabweisend zu halten.

Neben anderen Gründen kann das Putzen aber auch ein Signal für den Menschen sein. Denn es ist manchmal auch eine Stressreaktion wie das Gähnen. Es hilft der Katze, sich zu beruhigen und durch eine einfache Tätigkeit wieder ihre Balance zu finden.

Wenn Sie sehen, dass das Putzen eine Stressreaktion ist, dann sollten Sie die Katze vollkommen in Ruhe lassen und warten, bis sie sich wieder ganz beruhigt hat. Beobachten Sie sie und finden Sie heraus, nach welchen Vorkommnissen das Stressputzen geschieht – so können Sie vielleicht die Gründe dafür mildern oder abstellen.

In manchen Fällen geht das Putzen aber so weit, dass die Katze sich Stellen vollkommen frei leckt, also so lange, bis alle Haare an der Stelle ausfallen. Das ist ein extremes Stresssignal, auf das Sie unbedingt sofort reagieren müssen (siehe auch „Die Katze zeigt zwanghafte Verhaltensweisen", Seite 146).

Katze versteift sich

In manchen Situationen versteift sich eine Katze vollständig, häufig bewegt sich nur der Schwanz. Dies kann ein Zeichen für Konzentration sein, zum Beispiel bei der Vorbereitung auf einen Sprung. Schlägt der Schwanz allerdings wie eine Peitsche hin und her, sollten Sie Abstand halten und die Katze in Ruhe lassen. Denn dann ist das Versteifen ein Zeichen für Aggression.

5.1.6
Signale der Beine

Selbst die Beine einer Katze können ausdrücken, was sie möchte oder wie sie sich fühlt.

Beine sind untergeschlagen unter dem Körper

Mit untergeschlagenen Beinen liegt die Katze entspannt, aber abwartend da. Sie schaut, ob noch etwas Interessantes passiert oder ob sie ein bisschen schlafen kann. Manche Katzen können in dieser Haltung auch recht tief schlafen.

Angehobene Vorderpfote

Steht oder sitzt die Katze draußen und hebt eine Vorderpfote, ist sie auf der Pirsch und wartet ab, ob es sich lohnt, vorzupreschen oder nicht.

Wenn die Katze aber vor ihnen sitzt und eine Vorderpfote anhebt, dann ist sie voller Vorfreude auf das, was kommt, oder sie hat eine dringende Bitte (meistens um Futter oder Leckerli).

Treteln

Das Treteln (ein kurzes Ausfahren der Krallen während einer Trittbewegung der Pfote) ist ein Überbleibsel aus der Kindheit. Wenn Katzenbabys an den Zitzen der Mutter nuckeln, treteln sie den Bauch der Mutter, um den Milchfluss anzuregen. Sie verbinden das Treteln also mit einem Moment von Sicherheit und Wohlgefühl. Bei manchen Katzen geht das Treteln mit einem Lecken und Saugen an einem anderen oder demselben Körperteil einher (siehe auch „Signale rund um Maul und Kehle", Seite 37).

Nicht immer findet das Treteln direkt am Menschenkörper oder einem Gegenstand statt – manchmal tretelt die Katze auch im Liegen, was ebenfalls ein Zeichen für Wohlbefinden und Entspanntheit ist.

Für Menschen ist das Treteln meist ziemlich schmerzhaft. Um für die Katze aus einem positiven Gefühl aber kein negatives, verwirrendes Gefühl zu machen, sollten Sie sie nicht abrupt und laut von Ihrem Körper herunternehmen, sondern einfach nur vorsichtig herunterheben und sie anschließend loben und streicheln. Dadurch versteht die Katze: *Mein Wohlgefühl ist nichts Negatives für meinen Menschen. Ich kann entspannt bleiben.*

5.1.7
Signale mit dem Schwanz

Der Schwanz kann in jeder Stellung ein bestimmtes Signal aussenden. Ist er ruhig, ist die Katze meist auch ruhig. Oder sie ist hochkonzentriert oder kurz davor, auf ihre Beute zuzuspringen. Zwei der Signale mit dem Schwanz sind für den Menschen besonders wichtig.

Gesträubtes Schwanzfell

Genau wie das Fell am Rumpf kann die Katze auch das Fell an ihrem Schwanz sträuben. Er ist dann meist – zumindest im ersten Moment – hoch gereckt, wie ein übergroßer, drohender Zeigefinger. Das lässt die Katze potenziellen Feinden gegenüber größer und imposanter erscheinen als sie wirklich ist.

Das Sträuben des Schwanzes ist eine instinktive Reaktion, selbst wenn die Katze in der sicheren Wohnung sitzt und eine andere Katze, ein Hund oder ein Kind draußen nur vorbeigehen. Wenn sie besonders erregt darüber ist, knurrt sie auch noch dazu.

Der gesträubte Schwanz heißt aber nicht automatisch, dass sie zum Angriff übergeht. Es kann durchaus sein, dass sie dann doch lieber die Flucht ergreift.

In jedem Fall sollten Sie die Katze in diesem Augenblick nicht berühren – es könnte sein, dass sie die Aggression unbewusst gegen Sie wendet und Sie mit blutigen Kratzern versorgt. Das meint sie nicht böse – es ist eine ganz instinktive Reaktion darauf, dass Sie in diesem Moment ihre Signale nicht beachtet haben.

Manchmal sträubt eine Katze den Schwanz aber auch nur, weil sie sich erschreckt hat. In diesem Fall können Sie sie durchaus streicheln, um sie zu beruhigen (siehe auch „So streicheln Sie Ihre Katze richtig", Seite 74).

Schlagender Schwanz

Es gibt viele Katzen, die fast nie mit dem Schwanz schlagen. Aber es gibt auch solche, die vermeintlich ruhen oder schlafen, deren Schwanz aber ein Eigenleben zu führen scheint, denn er schlägt und schlägt. Mal schwingt er sanft von einer Seite zur anderen, mal schlägt er wie eine kleine Peitsche.

Viele ängstliche oder nervöse Katzen zeigen dieses Verhalten, aber auch viele, denen der Mensch zu zu häufig zu nahe kommt.

Das Schlagen des Schwanzes ist manchmal ein Signal dafür, dass sich die Katze in einem inneren Konflikt befindet. Sie ist zwischen zwei Dingen hin- und hergerissen. Zum Beispiel würde sie einerseits gerne liegenbleiben und in Ruhe gelassen werden oder weggehen, andererseits aber auch gerne gestreichelt werden oder mit Ihnen spielen. Oder sie würde gerne auf der Fensterbank sitzenbleiben, weil es drinnen so schön warm ist, aber sie würde auch gerne rausgehen und ihr Revier sichern oder auf die Jagd gehen.

Je nachdem, wie stark dieser Konflikt ist, wie sehr die Katze zwischen den beiden Dingen hin- und hergerissen ist, äußert sich das auch im Schlagen des Schwanzes: Je stärker er schlägt, desto stärker der Konflikt.

Starkes Schlagen mit dem Schwanz, das der Bewegung einer Peitsche ähnelt, signalisiert allerdings Wut, Aggression. In diesem Fall sollten Sie weggehen und die Katze alleine lassen, bis sie sich beruhigt hat.

Manchmal kann das Schlagen des Schwanzes aber auch das Erreichen einer Grenze signalisieren. Wenn Sie die Katze, zum Beispiel, gerade streicheln, zeigt sie Ihnen mit einem leichten Schlagen der

Schwanzspitze, dass ihr das Streicheln jetzt langsam zu viel wird, dass sie es nicht mehr mag.

Nehmen Sie deshalb in jedem Fall Abstand, wenn Sie sehen, dass der Schwanz der Katze auch nur ganz leicht schlägt. Egal, ob Sie sie dabei auf der Fensterbank beobachten oder sie neben Ihnen auf dem Sofa liegt: berühren Sie sie jetzt nicht (mehr).

Probieren Sie einfach mal aus, welche Mindestdistanz der Katze angenehm ist. Manchmal genügt es, die Hand von der Katze zu nehmen, manchmal muss man einen oder zwei Schritte weggehen. Das ist bei Katzen tatsächlich nicht anders als bei Menschen.

Stellen Sie sich vor, jemand schaut Ihnen die ganze Zeit über die Schulter, während Sie etwas machen. Wenn Sie sogar den Atem dieser Person spüren können, empfinden Sie das wahrscheinlich relativ schnell als unangenehm. Oder stellen Sie sich vor, jemand streichelt Sie ewig lang an derselben Stelle am Arm – irgendwann sind Ihre Nerven überreizt, die Stelle beginnt zu schmerzen, und Sie ziehen (im besten, friedlichsten Fall) den Arm weg. Die Katze signalisiert solche Grenzen nicht nur, aber auch durch das Schlagen ihres Schwanzes.

Manchmal (aber nicht immer!) müssen Sie nur einen Moment lang warten und erleben dann, dass die Katze Ihr Streicheln jetzt doch ganz ruhig akzeptiert. Denn durch Ihren kurzen Rückzug hatte sie die Möglichkeit, sich zu entscheiden: *Will ich gestreichelt werden oder will ich weg?* Und sie hat sich fürs Streicheln entschieden. Wenn aber der Schwanz dann gleich wieder schlägt, sollten Sie sie erst einmal ganz in Ruhe lassen.

5.1.8
Sonstige Signale

Es gibt drei weitere Signale der Katze, die ich hier erwähnen möchte:

Um die Beine streichen

Katzen, die einander wohlgesonnen sind, begrüßen sich durch das Aneinanderreiben der Köpfe (siehe auch „Signale des Kopfes", Seite 32). Beim Menschen ist das oft schwierig, weil der menschliche Kopf in der Regel sehr weit vom Kopf der Katze entfernt ist. Stattdessen streicht die Katze dem Menschen auch gerne um die Beine.

Hierbei findet ein Austausch von Duftstoffen statt, der dreierlei Sinn für die Katze hat: sie nimmt damit zum einen den Duftstoff von Ihrem Bein auf und macht sich so erneut damit vertraut. Zum anderen ist dies eine Geste des Vertrauens und nicht zuletzt ein Signal, dass sie sich gerade wohlfühlt.

Zeitgefühl

Katzen sind Gewohnheitstiere und haben ein sagenhaftes Zeitgefühl. Deshalb haben viele Menschen große Schwierigkeiten, am Wochenende auszuschlafen, weil die Katze natürlich gewohnheitsgemäß erwartet, zur selben Zeit gefüttert zu werden wie immer.

Auch Freigängerkatzen wissen haargenau, wann es immer Futter gibt – sie kommen pünktlich zum Fressen nach Hause (es sei denn, draußen hält sie etwas auf, eine andere Katze oder eine Maus).

Die manchmal extrem unterschiedlichen Fütterungszeiten unter der Woche und am Wochenende kann bei problematischem Verhalten übrigens auch verstärkend wirken. Haben Sie Probleme mit Ihrer Katze, dann sollten Sie besonders viel Wert auf Beachtung ihrer

Gewohnheiten legen. Das Zeitgefühl von Katzen trügt sie jedenfalls meistens höchstens um 15 oder 30 Minuten.

Weggehen

Und jetzt, ganz am Ende, kommt das deutlichste und gleichzeitig eins der wichtigsten aller Kommunikationssignale der Katzen: das Weggehen.

Wenn einer Katze etwas nicht gefällt, geht sie weg. Sie dreht sich einfach um und geht woanders hin, wo sie das, was die andere Katze gerade veranstaltet, nicht mitbekommen muss. Die andere Katze versteht dieses Signal sofort; sie weiß: *Aha, sie findet mein Verhalten doof.*

Durch das Weggehen nimmt die eine Katze sofort die Anspannung und eventuell vorhandene Aggression aus dieser Situation heraus, und die andere Katze hat jetzt die Möglichkeit zu wählen: *Mache ich trotzdem weiter oder ändere ich mein Verhalten?*

Dies ist eins der wenigen Signale, die Sie wirklich leicht und gut nachmachen können. Und Sie können damit sogar großen Eindruck auf Ihre Katze machen. Insbesondere, wenn Sie sich bislang sehr (katzen-) artfremd verhalten haben, wird sie erstaunt sein, dass Sie sich plötzlich doch mal wie eine Katze verhalten können. Und dass Sie mir nichts, dir nichts die Anspannung aus einer aufgeladenen Situation nehmen können.

Wenn Sie dieses Signal konsequent anwenden, kann das entscheidend zu einer Besserung Ihrer Probleme mit der Katze beitragen (siehe auch „Ignorieren und weggehen", Seite 53).

5.2
Verhaltenstipps für den Umgang mit Katzen

Bevor ich auf einzelne, ganz spezifische Probleme und Maßnahmen für deren Lösung eingehe, möchte ich Ihnen einige grundsätzliche, besonders wichtige Verhaltensweisen für Menschen vorstellen und ans Herz legen. Sie orientieren sich sowohl an der Kommunikation der Katzen als auch an den gängigsten Fehlern, die Menschen im Umgang mit Katzen machen.

Diese folgenden Verhaltensweisen können tatsächlich ganz entscheidend zum Erfolg der Maßnahmen beitragen.

5.2.1

Ignorieren und weggehen

Es ist eins der wenigen katzenartigen Signale, das Ihre Katze verstehen kann, wenn Sie es tun: sie zu ignorieren und wegzugehen.

Angenommen, Ihre Katze liegt neben Ihnen und möchte gestreichelt werden. Sie kommen dem Wunsch nach und streicheln freudig drauflos. Und weil Sie noch nicht so viel Übung darin haben, die Signale Ihrer Katze zu lesen, schlägt die plötzlich ihre ausgefahrenen Krallen in Ihre Hand.

Die automatische Reaktion vieler Menschen ist, entweder der Katze einen Klaps zu verpassen oder laut zu schimpfen (oder beides).

Die richtige Reaktion wäre aber: stillschweigend aufzustehen und wegzugehen.

Das Weggehen ist eine sehr katzentypische Handlung, mit der Katzen viele sich anbahnende Konflikte lösen. Sie signalisieren damit ihrem Gegenüber (ob Katze oder Mensch): Das wird mir zu doof, ich gehe lieber. Ignoriert das Gegenüber dieses Signal, läuft es ihr hinterher und macht einfach weiter, wird es nicht lange dauern, und die Katze wird deutlicher: zum Beispiel durch einen Schlag mit der Pfote (und mit ausgefahrenen Krallen). Katzen wissen daher: Wenn die andere weggeht, dann war mein Verhalten doof.

Dieses Signal können Menschen gut nachmachen, auch wenn es vielen zu Beginn schwerfällt, dabei kein Wort zu sagen, sondern einfach nur umstandslos wegzugehen. Sie nehmen damit sofort die Anspannung aus der Situation, ähnlich wie bei einem Fahrradreifen, der mit einem leisen „Pöff" urplötzlich platt ist. Wenn Sie die ersten Male so auf unerwünschtes Verhalten der Katze reagieren, dann wird die zunächst verdutzt sein. Denn Sie haben sich ja noch nie wie eine Katze verhalten. Warum jetzt plötzlich?

Doch Katzen lernen schnell. Tatsächlich kann das Weggehen das erste Signal sein, das Ihre Katze als wirklich ernstzunehmendes Signal von Ihnen begreift, weil es ein für Katzen sehr typisches Signal ist. Sie wird sich vielleicht putzen, um wieder zur Ruhe zu kommen, oder sie wird sich mit etwas ganz anderem beschäftigen, bis sie sich innerlich wieder sortiert hat. Oder sie wird Ihnen einen kurzen Moment später folgen und um Ihre Beine streichen. Dies können Sie dann als eine Art Friedensangebot betrachten und sollten dies auch annehmen (zum Beispiel durch ein kurzes Streicheln).

Und wenn Sie konsequent weiterhin so reagieren (und gleichzeitig lernen, die anderen Signale Ihrer Katze zu lesen und zu respektieren), dann wird es nicht sehr lange dauern, bis Ihre Hände kratzerfrei sind und andere Probleme gar nicht erst entstehen. Denn die Katze sieht: Aha, mein Mensch kann meine Sprache ja doch ein bisschen sprechen! Das stärkt das Vertrauen der Katze in Sie, und das wiederum hat meist zur Folge, dass sie sich viel besser darauf einlassen kann, neue, problemlose(re) Wege mit Ihnen zu gehen.

Damit Ihre Nachricht aber auch wirklich bei der Katze ankommt, müssen Sie ganz besonders auf Ihr Timing achten. Gehen Sie sofort weg! Wenn Sie erst ein paar Sekunden zögern, dann kommt Ihre Reaktion zu spät und verwirrt die Katze womöglich, weil sie Ihre Reaktion immer nur auf das bezieht, was sie unmittelbar zuvor getan hat. Und in diesem Fall wäre das: nicht mehr zu kratzen und zu beißen. Sie versteht also möglicherweise: Ich finde es doof, dass du aufgehört hast zu kratzen und zu beißen. In den Augen der Katze ist damit das Kratzen und Beißen immer noch in Ordnung, aber das Aufhören eben nicht.

5.2.2
Immer und immer wieder loben

Eins der wichtigsten Hilfsmittel, um problematisches Verhalten einer Katze zu verändern, ist, sie immer dann zu loben, wenn sie etwas richtig gemacht hat.

Vielleicht kennen Sie die Klagen vieler Menschen, die sagen, dass ihr_e Partner_in ihnen schon seit Jahren nicht mehr gesagt hat: *Ich liebe dich.* Oder dass ihre Vorgesetzten nie anerkennen, wenn sie etwas gut gemacht haben. Viele Menschen nehmen einfach an, dass wir schon wissen, dass wir geliebt werden oder dass wir etwas gut gemacht haben. Aber wenn es uns niemand sagt, können wir es nur ahnen. Und es nie genau zu wissen, es nie zu hören, verunsichert uns.

Katzen geht es nicht anders. Insbesondere dann, wenn sie problematische Verhaltensweisen zeigen, brauchen sie klare Hinweise, wann ihr Verhalten richtig und gut ist. Und das können Sie ihr zeigen, indem Sie sie loben. Immer und immer wieder. Auch nach vielen Jahren noch – ganz genauso, wie Sie Ihren Liebsten auch nach vielen Jahren noch sagen sollten, dass Sie sie lieben. Oder wie Sie sich von Ihren Vorgesetzten wünschen, dass die Ihre gute Arbeit nicht nur überhaupt einmal, sondern jedesmal anerkennen.

Reden Sie dabei aber nicht endlos auf Ihre Katze ein (siehe auch „Auf die Katze einreden", Seite 82), sondern legen Sie sich ein, zwei bestimmte Worte zurecht, mit denen Sie Ihre Katze im immer positiven, erfreuten Tonfall loben. Ein Wort mit „i" ist dafür besonders gut geeignet. Das kann so etwas sein wie *Fein gemacht!* oder *Prima!*

Sie können das Lob durchaus in Lautstärke und Tonhöhe variieren. Wichtig ist dabei aber nicht nur, dass Sie die Katze wirklich konsequent loben, sondern auch, dass das Timing stimmt. Denn wenn Ihre Katze drei Dinge hintereinander gemacht hat und Sie sie erst nach der dritten Handlung loben, dann verbindet sie das Lob nur mit der dritten Handlung, selbst wenn die schon wieder falsch war.

Das Lob sollte also immer sofort kommen, wenn die Katze etwas richtig gemacht hat. Auch, wenn sie etwas nicht gemacht hat. Eine ängstliche Katze, zum Beispiel, die bei einem plötzlichen Lärm entspannt liegenbleibt, sollten Sie sofort loben, damit sie weiß, dass ihre Reaktion (entspannt liegenzubleiben) richtig war.

Für Katzen hat dieses Lob den gleichen Effekt, den das Lob Ihrer Vorgesetzten hat: die Katze weiß, dass sie etwas richtig gemacht hat und dass es Ihnen gefällt. Also wird sie es wieder tun, denn Katzen haben nicht das geringste Interesse daran, Sie zu verärgern. Sie leben am liebsten in einem ganz harmonischen Umfeld. So wie Sie sicherlich auch.

5.2.3
Vermeiden Sie zu viel Lärm und schnelle Bewegungen

Nicht jede Katze ist schreckhaft oder ängstlich. Dennoch sind Katzen sehr anfällig für Lärm (von Musik bis zu Streitereien), weil sie ein extrem feines Gehör haben. Auch abrupte oder schnelle Bewegungen (z. B. Rennen) können selbst stoische Katzen verängstigen. Selbst wenn Sie glauben, die Katze liegt ganz friedlich auf dem Bett und schläft, haben insbesondere Wohnungskatzen ein Problem: sie können dem nicht entfliehen.

Werden Katzen ständig mit lauter Musik oder lautem Streit traktiert oder finden sie keinen Schutz vor Trampeln und schnellen Bewegungen, können sie nirgendwohin fliehen, wo sie wirklich Ruhe haben und geschützt sind, dann können sich bei ihnen Aggressionen anstauen. Viele Katzen können die nicht anders loswerden als durch problematisches Verhalten. Dieses Verhalten richtet sich dann entweder gegen Sie, gegen Gegenstände in Ihrer Wohnung oder sogar gegen die Katze selbst.

Wenn Sie Probleme mit Ihrer Katze haben, achten Sie deshalb darauf, sie vor Lärm und zu viel Getrampel und Gerenne in der Wohnung zu schützen. Selbst bei Freigängerkatzen kann das sonst zu Problemen führen oder vorhandene Probleme verstärken.

5.2.4
Nicht in die Augen starren

Sehr viele Menschen machen mit Katzen einen häufigen Fehler, der insbesondere bei ängstlichen Tieren fatal ist: sie schauen den Katzen direkt in die Augen.

Das mag bei einer sehr gut an Menschen gewöhnten und dadurch „abgehärteten" Katze keine sichtbare Reaktion auslösen. Aber wenn Sie die Katze noch nicht oder nicht sehr gut kennen, oder wenn sie eher ängstlich oder aggressiv ist, sollten Sie unbedingt darauf achten, ihr nie direkt in die Augen zu schauen.

Denn ein Blick direkt in die Augen, der länger als ein, zwei Sekunden dauert, heißt unter Katzen: *Ich drohe dir! Hau ab! Verschwinde aus meinem Revier!*

Viele Menschen erschrecken, wenn sie einer Katze direkt in die Augen schauen und die mit einem Fauchen oder Knurren reagiert, selbst bei einer Entfernung von mehreren Metern. Aber diese Katzen erschrecken sich vor dem Blick der Menschen selbst so sehr, dass sie sofort auf Abwehr schalten.

Machen Sie das öfter, verwirrt dies Ihre Katze und kann sie so sehr aus der Balance bringen, dass Probleme auf dem Fuße folgen.

Blicken Sie daher Ihrer Katze immer nur kurz in die Augen und geben Sie ihr freundliche Signale (siehe auch „Signale der Augen", Seite 35).

Starren Sie aber einer Katze nur dann in die Augen, wenn es sich um eine fremde Katze handelt, die Sie von Ihrem Grundstück vertreiben wollen (siehe auch „Die Katze will nicht nach draußen", Seite 185).

5.2.5
Vorausschauend handeln

Das kennen viele, die mit einer oder mehreren Katzen zusammenleben: das Gewusel zwischen den Beinen hört nie auf, selbst wenn man dem Tier schon mehrfach aus Versehen auf die Pfote getreten ist.

Gerade ängstliche oder unsichere Katzen suchen oft den „Schulterschluss" mit dem Menschen, indem sie ihm um die Beine streichen oder stehenbleiben, den Schwanz um das Bein kringeln, als würden sie sich festhalten, und sich gegen das Bein lehnen. Treten Sie ihnen immer wieder auf die Pfoten, verstärkt das ihre Unsicherheit und Angst nur noch mehr. Eine enge Bindung zwischen Ihnen beiden wird schwer bis unmöglich, und die Probleme dadurch vielleicht sogar verstärkt.

Gewöhnen Sie es sich deshalb an, vor jedem Schritt zurück oder zur Seite erst einmal zu Boden zu schauen, ob da jemand im Weg steht. Erst dann sollten Sie den nächsten Schritt machen.

Genau so sollten Sie auch bei allem anderen handeln, was in einem Haushalt mit Katze vor sich geht: vorausschauend. Haben Sie immer im Auge, wo Ihre Katze gerade liegt. Wenn sie sich, zum Beispiel, unter der Bettdecke verkrochen hat und dort nicht auf den ersten Blick zu sehen ist, sollten Sie immer erst überprüfen, ob Sie sich wirklich einfach aufs Bett plumpsen lassen können.

Aber auch der Sicherheitsaspekt spielt hier eine Rolle: präparieren Sie Ihre Wohnung im besten Fall vor dem Einzug der Katze:

Gekippte Fenster

Lassen Sie eine Katze nie mit gekippten Fenstern alleine, denn sie kann beim Versuch, durch den Spalt zu springen, abrutschen und dann in dem Spalt hängenbleiben. Bringen Sie – wenn die Fenster gekippt sein müssen – unbedingt entsprechenden stabilen Schutz an (ein Netz reicht da nicht).

Geöffnete Fenster

Lassen Sie eine Wohnungskatze nie auch nur eine Sekunde lang mit einem weit geöffneten Fenster allein. Auch wenn sie seit vielen Jahren immer nur auf der Fensterbank gesessen hat – es wird der Tag kommen, an dem ihr das nicht mehr genügt. Und gerade Wohnungskatzen sind dann stark gefährdet, weil sie die Entfernung zum Boden vor dem Fenster nicht richtig abschätzen können und sich womöglich viele Knochen bei dem Sprung in die Freiheit brechen.

Balkon

Spannen Sie ein Netz um den Balkon, sodass Ihre Wohnungskatze nicht vom Balkon herunterfallen oder -springen kann. Katzen landen längst nicht immer auf allen vier Pfoten, sondern sehr häufig mit komplizierten Brüchen in der tierärztlichen Praxis. Überprüfen Sie dieses Netz täglich, denn Katzen sind extrem findig, wenn es darum geht, einen Fluchtweg zu finden. Erst recht, wenn es ein Fluchtweg in die viel spannendere Umgebung ist.

Strom

Schützen Sie sämtliche Stromkabel und Steckdosen vor dem Zugriff der Katze. Denn Katzen jeden Alters lieben Kabel und beißen furchtbar gerne hinein, egal, ob Strom drauf ist oder nicht!

Steckdosen sollten grundsätzlich abschaltbar sein und für Katzen unerreichbar. Lose Kabel sollten Sie niemals herumliegen lassen (auch nicht auf dem Tisch). Alle anderen Kabel können Sie durch spezielle Schutzröhren schützen oder, in der sparsamen Version, zum Beispiel, mit Streifen von gebrauchten gefütterten Briefumschlägen umwickeln und festkleben. Achten Sie darauf, nicht das kleinste Stückchen Kabel sichtbar zu lassen – es kann sehr verführerisch wirken, auch weit hinten unterm Regal.

Andere Methoden (wie Geruchssprays oder Klebeband mit der klebrigen Seite nach außen) haben meist auf Dauer wenig Erfolg – bei beiden lässt die Wirkung bald nach.

Geräte

Blockieren Sie die Rückseiten von Geräten, die Strom brauchen – ob sie dauerhaft an den Strom angeschlossen sind oder nicht –, den Kühlschrank, den Herd, den Fernseher, den Computer und alle anderen Standgeräte. Nicht nur befinden sich dort wieder verlockende Kabel, auch gibt es da beliebte und teils warme Verstecke sowie interessante Knöpfe und Vorsprünge, an denen manche Katzen gerne herumknabbern.

Essensreste

Lassen Sie nie Essensreste offen oder leicht abgedeckt herumstehen. Katzen finden immer einen Weg, sich Zugang dazu zu verschaffen. Viele Gerichte mögen für den Menschen gesund sein, sind aber für Katzen lebensgefährlich (siehe auch „Ist der Mensch aus dem Haus, tanzt die Katz auf dem Tisch", Seite 168).

Medikamente, Messer und Ähnliches

Lassen Sie weder Medikamente noch Messer, Scheren, Schraubenzieher, Sägen, Nähmaschinen, Strickzeug, Nadeln oder andere Gegenstände, an denen Katzen sich verletzen könnten, herumliegen. Katzen sind da nicht anders als kleine Kinder: sie probieren alles aus, erst recht, wenn sie gerade gelangweilt sind (was insbesondere bei Wohnungskatzen der Fall ist).

Halsband

Hängen Sie Ihrer Katze, egal, ob sie nur in der Wohnung lebt oder Freigängerin ist, nie ein Halsband um. Sie könnte im Sprung an irgendetwas hängen bleiben und von dort möglicherweise nicht mehr aus eigener Kraft herunterkommen. Halsbänder sind eine tödliche Gefahr für Katzen, auch für Wohnungskatzen (siehe auch „Halsband mit Glöckchen für die Freigängerkatze", Seite 91).

Gefährliches Spielzeug

Lassen Sie in Ihrer Abwesenheit kein Spielzeug herumliegen, an dem die Katze sich verletzen könnte (Kleinteiliges, etwas mit längeren Bändern, etwas, das leicht kaputtgeht und Ähnliches).

5.2.6
Geruchsarme Umgebung

In manchen Haushalten riecht nichts mehr nach Mensch. Stattdessen riecht es überwältigend nach Weichspüler, nach Duftsteinen, Duftkerzen, Duftlampen, Potpourris, Deos, Parfüms und Aftershaves. Vielfach riecht es nach Rauch oder nach Mitteln, die schlechte Gerüche in Gardinen und Sofas überdecken sollen. In Haushalten mit

Wohnungskatzen kommt oft noch ein Duftspray hinzu, der den Gestank der zu selten geputzten Katzentoilette übertünchen soll.

Dieser Cocktail aus so vielen Gerüchen ist schon für manche Menschen kaum auszuhalten. Für Katzen, die einen mehr als dreimal so feinen Geruchssinn haben wie Menschen, kann das zu einer Qual werden. Gerade Wohnungskatzen können diesen Gerüchen nicht entkommen.

Hinzu kommt, dass viele Männer sich nach dem Auftragen des Aftershaves die Hände nicht waschen. Und selbst wenn sie es tun, haben sie meiste eine Seife, die mit starken künstlichen Duftstoffen versetzt ist, die aber die ursprünglichen Duftstoffe nicht lösen kann.

So gelangen Aftershave und Seifenduftstoffe beim Streicheln auch noch direkt auf das Fell der Katze. Und die hat anschließend viele Tage lang damit zu tun, diesen Geruch (für ihre hochsensible Nase: Gestank) wieder abzulecken. Gesund ist dies für sie auch nicht, da sie diese Geruchsstoffe ja nicht wieder ausspucken kann.

Halten Sie deshalb – schon aus gesundheitlichen Gründen – Ihre Wohnung möglichst geruchsarm. Lüften Sie häufiger und steigen Sie um auf weniger stark oder gar nicht parfümierte Putz- und Waschmittel.

Und was die Katzentoilette und deren Gestank betrifft, finden Sie in den Kapiteln „Die Katze ist unsauber" (Seite 100), und „Im Hausflur stinkt es nach 'Katze'" (Seite 110) Tipps, die dafür sorgen werden, dass parfümierte Streu und stark duftende Putzmittel nicht mehr nötig sind.

5.2.7

Kommunikation mit dem Körper

Der Gang und die Fußspitzen

Sie müssen einer Katze gar nicht in die Augen starren, um bedrohlich auf sie zu wirken. Es reicht, wenn Sie schnellen Schrittes genau auf sie zugehen und Ihre Fußspitzen dabei auch noch auf Ihre Katze zeigen. Manch ängstliche oder unsichere Katze nimmt da schon Reißaus.

Gehen Sie also in Anwesenheit Ihrer Katze lieber langsam und nicht schnurgerade auf sie zu. Machen Sie frühzeitig einen kleinen Bogen und achten Sie darauf, dass Ihre Fußspitzen nicht direkt auf Ihre Katze zeigen. Das hilft nicht nur ängstlichen Katzen, sich in Ihrer Anwesenheit ein bisschen sicherer zu fühlen.

Der Zeigefinger

Wenn eine Katze übermütig wird und Ihre Grenzen überschreitet, gibt es ein Signal, das ihr bedeuten kann: Schluss jetzt! Bis hierhin und nicht weiter. Ein Signal, das Ihre Katze verstehen kann: den erhobenen Zeigefinger.

Wenn Sie dieses Signal nicht zu häufig gebrauchen, ist es für eine Katze im Normalfall ein Stoppschild, vor dem sie sofort anhält. Sie müssen dazu gar nicht Stopp! oder Nein! sagen – der Zeigefinger genügt oft schon.

Hat die Katze mit dem unerwünschten Verhalten aufgehört, nehmen Sie den Finger sofort wieder herunter. Halten Sie ihn noch länger oben, heißt das nämlich für die Katze, dass auch das Aufhören nicht richtig oder nicht erwünscht war.

Wegdrehen, weggehen und ignorieren

Wie ich zuvor schon geschrieben habe, ist das kommentarlose Wegdrehen, Weggehen und Ignorieren ein sehr effektives Mittel, um Ihrer Katze zu zeigen, dass ihr Verhalten nicht erwünscht ist.

Es ist sehr viel effektiver als das Anschreien und Bestrafen, das, wie ich später noch beschreiben werde, immer kontraproduktiv ist und sogar der Auslöser für Ihre Probleme mit der Katze sein kann.

Wenn die Katze Sie das nächste Mal beim Streicheln kratzt oder beißt, gehen Sie oder drehen Sie sich sofort weg und ignorieren Sie sie völlig. Kommt sie ein paar Momente später wieder an und möchte wieder gestreichelt werden, tun Sie es.

Gesichtsausdruck und Körperspannung

Eine Katze kann übrigens Ihren Gesichtsausdruck lesen – zumindest kann sie unterscheiden, ob Sie ein freundliches Gesicht machen und sie anlächeln, oder ob Sie sauer sind.

Das zeigt sich aber bei Menschen meist nicht nur im Gesichtsausdruck, sondern auch in der Körperhaltung und Körperspannung. Insofern können Sie Ihrer Katze nichts vormachen: sind Sie angespannt, weil Sie sie, zum Beispiel, einfangen und zur Tierärztin bringen müssen, wird Ihre Katze sich von Ihrem Lächeln und lockenden Worten nicht beeindrucken, und schon gar nicht überzeugen lassen.

Wenn Sie angespannt sind, atmen Sie mehrmals tief durch und gehen Sie langsam und mit entspanntem Gesichtsausdruck und entspannter Haltung mit der Katze um (siehe auch „Keine Panik", Seite 65, und „Die Katze lässt sich nicht einfangen", Seite 181).

5.2.8

Keine Panik

Katzen haben ein sehr feines Gespür für alles, was in der Luft liegt. Man weiß, dass sie wie die meisten anderen Tierarten Erdbeben lange spüren, bevor wir überhaupt bemerken, dass irgendetwas nicht stimmt. Ähnlich ist es bei Gewitter oder anderen drohenden Gefahren.

Und so können Katzen auch sehr gut spüren, wenn die Menschen in ihrer Umgebung aufgeregt oder sogar panisch sind. Zum Beispiel vor dem Einfangen für einen Besuch bei der Tierärztin.

Ihre Panik aber verschlimmert die Situation – sind Sie aufgeregt oder panisch, wird Ihre Katze das auch.

Bewahren Sie deshalb selbst in turbulenten oder schwierigen Zeiten, selbst wenn die Katze schwer verletzt ist, unbedingt Ruhe und den Überblick. Achten Sie darauf, in diesen Situationen tief durchzuatmen. Sorgen Sie auch dafür, dass alle, die panisch sind, unbedingt den Raum oder die Wohnung / das Haus verlassen. Machen Sie nur langsame Bewegungen und sprechen Sie mit ruhiger Stimme.

Ist eine Katze erst einmal verängstigt oder sogar panisch, dann sollten Sie sie zunächst ganz in Ruhe lassen. Reden Sie nicht auf sie ein, rufen Sie sie nicht und laufen Sie nicht hinter ihr her. Lassen Sie ihr Zeit, sich zu beruhigen – selbst wenn das einen oder zwei Tage dauert! Einen tierärztlichen Termin kann man immer verschieben.

Warten Sie, bis die Katze von selbst aus ihrem Versteck wieder hervorkommt. Versuchen Sie nicht, sie mit Leckerli oder Spielzeug aus ihrem Versteck zu locken – das übt zu viel Druck auf die Katze aus; sie wird erst recht nicht hervorkommen. Machen Sie stattdessen alles wie immer, gehen Sie Ihrem Alltag ganz normal nach. Je normaler und ruhiger Sie sich verhalten, desto schneller kann sich auch die Katze wieder beruhigen und in ihren normalen Tagesablauf zurückfinden.

Geben Sie der Katze auch erst dann Futter, wenn es Fütterungszeit ist. Stellen Sie es an die normale Stelle, und gehen Sie dann weg, damit die vielleicht noch immer verängstigte Katze genügend Ruhe und Freiraum hat, um zu fressen. Beim Fressen beruhigen sich Katzen meist von selbst – manche verstecken sich dann gleich wieder, für andere ist der Stress damit erst einmal beendet; das ist von Katze zu Katze verschieden.

5.2.9
Konsequent bleiben

Kleine Laster versüßen das Leben, nicht wahr? Schokolade, Chips, Alkohol, neue Kleidung – all das genießen wir sehr, und ab und zu genehmigen wir uns davon etwas mehr als wir eigentlich sollten.

Natürlich wissen wir, dass diese Inkonsequenz Folgen haben wird. Aber wir kennen das von uns und betrachten uns gerne mit ein bisschen Nachsicht. Und weil wir mit uns selbst so nachsichtig sind, sind wir es auch, wenn wir unseren Tieren gegenüber ähnlich inkonsequent sind.

Fünfmal verbieten wir der Katze, auf den Esstisch zu springen, beim sechsten Mal lassen wir es geschehen. Dreimal hintereinander sagen wir Nein!, wenn sie an der Tapete kratzt, beim vierten Mal denken wir, dieses eine Mal wird schon nicht schaden.

Denkste.

Diese Inkonsequenz ist einer der größten Fehler im Umgang mit einer Katze. Denn sie merkt sich im Zweifel immer die Ausnahme, den einen, seltenen Moment, in dem sie etwas tun durfte, das sie bislang nicht durfte. Das, was wir neben anderen Dingen an Katzen so sehr lieben, ihre Klugheit, wird uns da zum Verhängnis.

Denn selbst wenn Sie danach noch hundertmal Nein! sagen, wird die Katze immer wieder probieren, ihre Krallen an der Tapete zu wetzen. Wenn Sie dann ihr Verhalten mal hinnehmen, mal verbieten, werden Sie für den Rest Ihres gemeinsamen Zusammenlebens kein Ende der Probleme sehen.

Für eine Katze ist diese Inkonsequenz nämlich sehr verwirrend. Sie hat eigentlich gelernt, etwas nicht zu tun. Dann tut sie es nochmal, weil sie eine kluge Katze ist, und plötzlich darf sie es. Warum sollte es beim nächsten Mal dann nicht mehr erlaubt sein? Selbstverständlich probiert sie es dann wieder und wieder.

Eine Katze braucht aber Struktur und Sicherheit, nicht ständigen Wechsel und Unsicherheit. Bleiben Sie daher immer konsequent mit Ihrer Katze – darf sie einmal nicht auf den Tisch, darf sie nie auf den Tisch, ohne Ausnahme.

Wie Sie es schaffen, dass sie auch nicht in Ihrer Abwesenheit auf den Tisch springt, finden Sie im Kapitel „Ist der Mensch aus dem Haus, tanzt die Katz auf dem Tisch", Seite 168).

5.2.10
Haben Sie Geduld, viel Geduld

Zur eben beschriebenen Konsequenz gehört aber auch Geduld. Insbesondere, wenn sich Verhaltensweisen, die Sie als problematisch ansehen, schon über einen längeren Zeitraum etabliert haben. Die werden dann nur selten nach zwei Wochen verschwinden.

Es wird Zeit brauchen, ein von Ihnen als problematisch empfundenes Verhalten dauerhaft zu korrigieren – denn es ist ja ein instinktives Verhalten auf Seiten der Katze. Sie müssen also erst einmal die Voraussetzungen für eine Verhaltensänderung schaffen und dann konsequent an sich selbst und mit der Katze an den Veränderungen arbeiten. Dafür müssen Sie sich und Ihrer Katze Zeit geben.

Manchmal klappt etwas sofort (und mit der nötigen Konsequenz auf Ihrer Seite sogar dauerhaft). Manchmal aber dauert es Monate, bis sich das Verhalten Ihrer Katze ändert. Nicht, weil sie stur, dickköpfig oder renitent ist (siehe auch „Katzen sind …?", Seite 15). Sondern, weil Katzen sehr gelehrig sind und einmal Gelerntes nicht so schnell wieder vergessen. Manchmal sogar nie. Insbesondere, wenn es bei der Katze aufgrund Ihrer Inkonsequenz zur Gewohnheit wurde.

Aber keine Sorge: Sie können sich schnell daran gewöhnen, konsequent und geduldig zu sein. Schließlich lieben Sie Ihre Katze und möchten ihr das Zusammenleben mit Ihnen (und umgekehrt) so angenehm wie möglich gestalten. Deshalb werden Sie ganz sicher lernen, an sich und Ihre Katze zugleich neue Maßstäbe anzusetzen: geduldig und konsequent.

5.2.11
So spielen Sie richtig mit Ihrer Katze

In den meisten Haushalten kommt das Spielen mit der Katze viel zu kurz. Manche denken, sie können sich das Spielen ersparen, wenn sie eine Zweitkatze hinzuholen. Doch zwei Katzen brauchen immer doppelt so viel Spielzeit und Aufmerksamkeit wie eine (siehe auch „Unbedingt eine zweite Katze dazuholen", Seite 88).

Viele Katzen sind aber dieser Annahme wegen völlig unausgelastet, langweilen sich und haben keine Möglichkeit, ihre aufgestaute Energie loszuwerden. Das führt ziemlich sicher früher oder später zu Problemen. Insbesondere bei Wohnungskatzen, die nie Freigang haben.

Das regelmäßige und zuverlässige Spielen mit der Katze sorgt dagegen nicht nur dafür, dass die Katze ausgelasteter und entspannter ist. Es stärkt auch die Bindung zwischen Ihnen beiden und damit gleichzeitig das Vertrauen der Katze in Sie. Beides ist außerordentlich wichtig beim Überwinden von Problemen.

Daher habe ich Ihnen hier ein paar Tipps zum Spielen mit Ihrer Katze zusammengestellt.

Zeit fürs Spielen

- Wohnungskatzen benötigen grundsätzlich sehr viel mehr Spielzeit und Aufmerksamkeit als Freigängerkatzen.
- Spielen Sie mindestens zwei- bis viermal täglich jeweils 10-20 Minuten ausgiebig mit der Katze. Schauen Sie nicht nebenbei fern oder machen etwas anderes. In dieser Zeit sollten Sie sich ganz auf das Tier und das gemeinsame Spiel konzentrieren.

- Ist Ihre Katze noch sehr jung, dann sollten Sie täglich mindestens viermal 10-20 Minuten lang mit ihr spielen.
- Ist Ihre Katze übergewichtig oder war sie sehr lange im Tierheim und hatte dort keinerlei nennenswerte Bewegungsmöglichkeiten, sollten Sie mindestens dreimal pro Tag ausgiebig (10-20 Minuten) mit ihr spielen. Zum Spiel sollte alles gehören, was die Katze in Bewegung bringt. Denn sie muss jetzt trainieren und ihre Muskeln aufbauen. Sie muss wieder lernen zu springen, zu rennen und zu jagen.

Dazu können Sie mit einer Reitgerte (oder dem selbst gebastelten Pendant, siehe weiter unten) durch die Wohnung gehen und der Katze so Bewegung verschaffen. Sie können Spielzeug oder Leckerli nacheinander in verschiedene Richtungen werfen, damit die Katze einen Anreiz hat, sich wie bei der Jagd möglichst schnell dorthin zu bewegen. Diese Spiele imitieren das, was bei der Jagd nach Mäusen wirklich passiert: die Katze sitzt und wartet auf die Maus, dann rennt die plötzlich davon, und die Katze muss hinterher sprinten.

- Haben Sie mehr als eine Katze, spielen Sie nie gleichzeitig mit beiden/allen Katzen, sondern widmen Sie jeder Katze einzeln gleich viel Spiel- und Streichelzeit. Die sollte auf keinen Fall kürzer sein als bei Einzelkatzen (also täglich zwei- bis viermal 10-20 Minuten).

Spielen – welche Regeln gelten da?

- Mit „Spielen" meine ich nicht Streicheln, sondern aktives Spiel.
- Bieten Sie Ihrer Katze niemals Ihre Finger, Hände, Füße, Haare, Beine oder andere Körperteile zum Spiel an oder lassen Sie sie daran herumknabbern. Auch nicht ein Katzenbaby. Und erst recht keine aggressive oder anderweitig problematische Katze.

Zum einen müssen Sie ihr gewisse Grenzen setzen und konsequent dabei bleiben. Zum anderen wird die Katze Sie wahrscheinlich sehr schnell dabei verletzen. Das wird eine Schreck- oder Schmerzreaktion von Ihnen zur Folge haben, die wiederum die Katze erschreckt und Ihre bisherige Vertrauensarbeit möglicherweise untergräbt.

Und nicht zuletzt hört die Katze natürlich nicht von selbst damit auf, wenn sie erwachsen wird oder die anderen Probleme beseitigt sind. Sie wird weiterhin in Ihre Finger beißen oder Ihre nackten Füße mit der Pfote schubsen wollen – nur, dass bei der Pfote jetzt die Krallen ausgefahren sind.

Wenn Sie dieses Verhalten anfangs bei Ihrer Katze zulassen und später aus Ärger und Schmerz ablehnen, ist das der Katze gegenüber unfair. Lassen Sie es daher von vornherein gar nicht erst zu solchen Spielen kommen. Es gibt genügend Spielzeug, das Beißen und Kratzen gut vertragen kann, und an dem die Katze ihren Spiel- und Jagdtrieb ausleben kann.

- Kaufen Sie nicht gleich die ganze Katzen-Spielzeug-Abteilung leer. Überlegen Sie, ob Sie nicht auch etwas selbst machen können – das macht Ihr Spiel abwechslungsreicher und Sie sind sehr viel flexibler. Tipps zum Selbstmachen gebe ich Ihnen weiter unten.
- Katzen lieben vor allem Spielzeug, das sich bewegt. Es sollte sich aber nie von selbst bewegen (an einem Motor und an Batterien können Katzen sich verletzen).
- Lassen Sie kein gefährliches Spielzeug, an dem sich die Katze verletzen könnte, herumliegen. Auch nicht, wenn Sie zu Hause sind.
- Lassen Sie immer nur wenig Spielzeug herumliegen. Katzen sind sehr kluge Tiere, und sie sind von Geburt an auf die ganz große Abwechslung ausgerichtet: die Natur. Deshalb langweilen sich gerade Wohnungskatzen sehr schnell mit Spielzeug, das immer da ist. Manchmal finden sie es nach drei Tagen uninteressant, manchmal schon nach drei Sekunden.

Wechseln Sie also gut zweimal pro Woche das herumliegende Spielzeug aus. Es muss gar nicht sehr viel sein, das liegenbleibt, aber es sollte – insbesondere, wenn Sie den ganzen Tag lang weg sind – in jedem Fall immer etwas vorhanden sein. Achten Sie nur darauf, dass es nichts ist, an dem die Katze sich verletzen, in das sie sich einwickeln oder an dem sie ersticken könnte.

- Seien Sie vorsichtig bei Spielzeug, das mit Katzenminze-Duft versehen ist. Viele Menschen glauben, Katzenminze versetze Katzen in eine Art Glücksrausch. Doch manche Katzen reagieren hochaggressiv darauf.

  Sie sollten sie niemals mit solchem Spielzeug alleine lassen, sondern es ihr grundsätzlich wegnehmen, wenn Sie weggehen und/oder wenn Sie erste Anzeichen von Aggressivität erkennen. Ein solches Anzeichen könnte sein, dass die Katze sich nicht selig an dem Spielzeug reibt, sondern es mit ihren Hinterpfoten und ausgefahrenen Krallen traktiert.

  Wenn sie es verliert und ihm hinterherhechtet, ist das allein aber noch kein Zeichen von positiver Aufnahme der Katzenminze! Beobachten Sie die Katze deshalb immer sehr genau dabei.
- Es genügt nicht, der Katze Spielzeug einfach nur hinzulegen. Meist wird es für sie erst dann interessant, wenn Sie mit ihr zusammen damit spielen.
- Geben Sie der Katze am Ende des Spiels immer ein, zwei Leckerli – die stellen nämlich (speziell für Wohnungskatzen) eine Art Beute dar: das Fressen nach der Jagd. Damit ist die Jagd für die Katze erst einmal beendet. Geben Sie ihr nichts, geht die Jagd für die Katze sehr unbefriedigend aus. Doch das sollten Sie gerade bei Katzen mit problematischen Verhaltensweisen vermeiden.

Spielen – aber was? Und womit?

- Eine Reitgerte aus Leder ist ein sehr haltbares und beliebtes Spielzeug. Sie können sie auch, zum Beispiel, durch einen dünnen Ast einer Weide ersetzen. Dafür knoten Sie an einem Ende ein etwa 40 cm langes Stoffband sehr, sehr fest, damit es nicht zu leicht rutscht.

  Mit dieser Gerte können Sie zwar im Sitzen mit der Katze spielen. Noch besser ist aber, wenn Sie die Gerte mit dem Band auf dem Boden hinter sich her durch die Wohnung ziehen. Gehen Sie um Ecken und ziehen Sie die Gerte an der Ecke ganz schnell um sie herum, und bleiben Sie dann stehen. Katzen lieben es, dann auf der anderen Seite der Ecke zu sitzen, zu horchen, ob Sie sich noch bewegen, und dann zielgenau um die Ecke auf das Band zu springen, als wäre es Beute. Wenn Sie das Band dann rechtzeitig genug fortziehen, kann die Jagd für Sie beide weitergehen. Manche Katzen werden dieses Spiels nie müde (solange Sie es nicht ausschließlich einsetzen).

Achten Sie darauf, dass alle Materialien, ob bei der gekauften Gerte oder dem selbstgemachten Stock, katzengerecht sind – dass also nichts splittern kann, wenn die Katze hineinbeißt, und dass sie sich an keinem Draht oder Ähnlichem verletzen kann. Die Weiderute eignet sich deshalb so gut, weil sie sehr biegsam ist und nicht so leicht bricht. Und es genügt wirklich ein Knoten an dem Band – wenn sich das Band löst, knoten Sie es einfach neu fest. Andere Möglichkeiten (Tackern, Nageln, Kleben und Ähnliches) sollten Sie keinesfalls dafür in Betracht ziehen.

- Bälle oder alles, was unkontrolliert rollen kann, ist bei Katzen ebenfalls sehr beliebt. Sie können dafür Tennisbälle nehmen, nicht lackierte Holzkugeln, Stofffetzen, die Sie mit Sisal zu einem Ball schnüren oder Ähnliches. Achten Sie auch hier wieder darauf, dass die Katze sich daran nicht verletzen kann. Tischtennisbälle oder Flummis sollten Sie deshalb nicht nehmen.

Fast noch besser sind fast-runde Gegenstände, die sich nicht einfach nur rollen lassen, sondern deren Rollbahn nicht so leicht für die Katze vorhersehbar ist. Sie könnten dafür zum Beispiel reife Walnüsse nehmen. Die kullern (aus Katzensicht) herrlich unvorhersehbar umher, und sie kann sie schön in die Luft werfen und hinterherrennen. Aus Menschensicht lassen sich Walnüsse schön werfen, gehen dabei nicht kaputt, und am Ende können Sie sie immer noch aufknacken und essen.

Mit Walnüssen und kleinen Bällen lässt sich auch gut „Fußball" spielen. Manche Katzen lieben es, sie mit ihrem Menschen immer hin- und herzuschubsen.

Haben Sie immer genügend Bälle auf Vorrat, und achten Sie darauf,

dass Sie Bälle wählen, die Ihre Nachbarn nicht zur Verzweiflung treiben (Holz, Nüsse und Plastik sollten Sie auf keinen Fall wählen, wenn Sie Laminat, Parkett oder Fliesen haben).
- Sehr gut für Spiele mit der Katze ist mit Sisal umwickeltes Spielzeug. Da muss man nur darauf achten, dass das Sisal nicht an Plastik-„Mäusen" oder Ähnlichem festgeklebt ist, denn der Kleber ist in der Regel normaler Kleber, also für die Katze ungesund bis giftig.

   Ist das Sisal aber gut festgeknotet, können die Katzenkrallen darin hängenbleiben, was für die Katze einen Reiz und eine Schwierigkeit mehr darstellt: sie muss, wenn sie hängenbleibt, das Ding wieder abschütteln können. Und das Sisal zerfetzt nach sehr viel Spiel, was der Katze neben dem Geruch zeigt: *Mein Spielzeug!*
- Viele Menschen spielen gerne mit einem Laserpointer, den Katzen ebenfalls lieben. Aber Vorsicht! Das Licht ist äußerst gefährlich für die Katzenaugen! Sie sollten niemals damit in die Augen der Katze leuchten oder sie in den Lichtstrahl schauen lassen. Sie sollte ausschließlich dem kleinen Punkt auf dem Boden folgen. Schaut sie hoch und zu Ihnen, sollten Sie den Pointer sofort ausstellen oder woanders hin richten.
- Suchspiele sind ein recht neuer Trend. Einige von ihnen bestehen aus Brettern mit Löchern, in die erst ein Leckerli gelegt wird. Dann kommt ein Deckel darauf, den die Katzen wegschieben, wegdrücken oder hochheben müssen, um an die Leckerli heranzukommen.

   Sie können solche Bretter selbst machen, müssen dabei aber natürlich darauf achten, dass die Materialien chemikalienfrei sind, und dass die Kanten alle gut abgeschliffen werden.

   Allerdings werden manchen Katzen diese Brettspiele bald langweilig, erst recht, wenn sie nicht so recht verstehen, was sie machen sollen, und wenn das Leckerli nicht gut genug durch den Holzdeckel hindurch zu riechen ist.

   In jedem Fall sollten Sie Katzen mit den Brettspielen nicht alleine lassen, sondern dabei sein, sie loben, wenn sie etwas richtig gemacht haben, und aufpassen, dass sie sich nicht verletzen. Wenn die Katzen

die Lust daran verlieren, sollten Sie sie nicht dazu zwingen, das Spiel weiterzuspielen.
- Andere Suchspiele können Sie ebenfalls selbst herstellen. Dafür füllen Sie, zum Beispiel, Toilettenpapierrollen und Küchenpapierrollen mit einigen trockenen Leckerli, und stopfen auf beiden Seiten kleine weiche Stofftücher hinein. Die Leckerli sollten beim Rollen klappern, damit die Katze neugierig wird. Achten Sie nur darauf, auch die Kanten der Rollen möglichst so zu präparieren, dass die Katze sich daran nicht schneiden kann. Manche holen Tücher und Leckerli heraus, andere zerfetzen die Rollen gleich noch dazu. Richten Sie sich also schon einmal darauf ein, anschließend staubsaugen zu müssen.
- Werden Sie in Sachen Spiele ruhig kreativ, und probieren Sie viel mit der Katze aus, selbst wenn sie ihre Lieblingsspielzeuge schon lange gewählt hat. Manchmal werden auch die Lieblingsspielzeuge langweilig, und da ist es immer gut (insbesondere bei Wohnungskatzen), Alternativen auf Lager zu haben.

Bedenken Sie nur immer diese Punkte:

Nutzen Sie keine Chemikalien, keine giftigen Lebensmittel oder Farben, keine Gegenstände, die schnell kaputtgehen und an denen sich die Katze schneiden oder anderweitig verletzen kann.

5.2.12
So streicheln Sie Ihre Katze richtig

Viele Hauskatzen sind in Sachen Streicheln ziemlich unkompliziert. Sie lassen sich überall berühren, und viele mögen es sogar, wenn man an bestimmten Stellen ab und zu gegen den Strich streichelt.

Aber es gibt auch viele Katzen, die das Streicheln gar nicht so toll finden. Sie zeigen das durch bestimmte Signale (siehe „Die Kommunikationssignale der Katze verstehen", Seite 31), die aber oft übersehen werden. Dies führt dazu, dass die Katze sich im besten Falle nur verspannt, im schlimmsten aber das Vertrauen in Sie verliert. Und wenn noch weitere Probleme bestehen, dann wird das Streicheln für die Katze eher etwas Unangenehmes als etwas Positives und Entspannendes, das es doch eigentlich sein soll.

Daher hier nun einige Tipps, worauf Sie beim Streicheln einer „Problemkatze" (eigentlich bei allen Katzen) besonders achten sollten:

- Streicheln Sie Ihre Katze grundsätzlich nicht, wenn Sie gedanklich anderweitig eingespannt sind, zum Beispiel beim Fernsehen oder während einer Unterhaltung. Denn dann übersehen Sie mit Sicherheit die Signale, mit denen die Katze Ihnen zeigt, dass ihr das Streicheln jetzt genügt oder es ihr sogar unangenehm wird. Schauen Sie immer wieder gut hin, ob Sie eins der Signale bemerken. Denn Streicheln soll für die Katze angenehm sein – wenn sie Sie aber überreizen, kann der Genuss extrem schnell in Abwehr umkippen, und Sie haben schneller Kratzer oder Bisse abbekommen, als Sie mit den Augen zwinkern können.
- Streicheln Sie die Katze grundsätzlich nie, wenn sie das nicht möchte. Streicheln Sie sie auch nie gegen den Strich, wenn sie das als unangenehm empfindet.
- Manche Katzen mögen es gar nicht, am Bauch gestreichelt zu werden. Andere lassen sich im Stehen am Bauch streicheln, aber im Liegen nicht. Und wieder andere können davon gar nicht genug bekommen. Respektieren Sie es, wenn Ihre Katze zu denen gehört, die es nicht mögen. Vielleicht wurde sie dort einmal verletzt. Vielleicht vertraut sie Ihnen (noch) nicht genug, um sich an einer ihrer verletzlichsten Stellen berühren zu lassen. Vielleicht hat sie es aber auch nie gelernt, das Bauchstreicheln zu genießen und lehnt es deshalb ab. Sie sollten die Katze auf keinen Fall zwingen, Ihre Berührungen zu ertragen – Zwang ist etwas, das bei Katzen grundsätzlich das Gegenteil dessen auslöst, was Sie bewirken wollen.
- Für manche Katzen ist Berührung ungewohnt, weil sie noch nicht an Menschen gewöhnt sind. Sie erschrecken sich dann vielleicht bei der Berührung und bewerten sie als Angriff – selbst dann, wenn Sie sie

sehr sanft berührt haben. Achten Sie deshalb auch hier unbedingt auf die Signale der Katze und ziehen Sie sich frühzeitig zurück, bevor die Katze die Geduld verliert.

- Achten Sie genau auf die Reaktion der Katze, wenn Sie alte Narben und Verletzungsstellen berühren. Dann sollten Sie sofort aufhören und sich die Stellen merken, um die Katze dort nicht mehr zu streicheln. Ein Streicheln an Stellen, die der Katze unangenehm sind, wird mit ziemlicher Wahrscheinlichkeit nie wieder angenehm für die Katze werden. Streicheln Sie sie dort aber immer wieder, kann es sein, dass sie das Vertrauen in Sie verliert und sich das in problematischen Verhaltensweisen ausdrückt.
- Reinigen Sie Ihre Hände vor dem Streicheln mit möglichst gering oder gar nicht parfümierter Seife. Auch Handcremes sollten möglichst gering oder gar nicht parfümiert sein. Wenn Sie den Geruch als sehr angenehm empfinden, kann er für Katzen schon unerträglich sein. Streicheln Sie die Katze deshalb immer erst, wenn die Handcreme vollständig eingezogen ist. Denn die Inhaltsstoffe von Cremes, Parfüms und After Shaves sind nicht gesund für Katzen.

Die Cremereste und Duftstoffe bleiben beim Streicheln am Fell der Katze hängen – bei besonders starken Parfüms und After Shaves kann es eine Woche oder noch länger dauern, bis die Katze den Duft endlich los ist. Das heißt, eine Woche oder länger nimmt sie die ungesunden Duftstoffe bei jedem Lecken auf.

Nicht nur das: sie hat plötzlich einen sehr starken, fremden Geruch am Körper, was für eine Katze sehr stressig sein kann. Denn ihr eigener Körpergeruch gibt ihr Sicherheit. Ist dieser übertüncht durch unterschiedliche künstliche Duftstoffe, die tagelang haften bleiben, kann das ihr Wohlbefinden erheblich beeinträchtigen. (Deshalb sollten Sie auch die Katzendecken und -kissen nur mit gering oder gar nicht parfümierten Waschmitteln waschen und nie mit etwas anderem als Essig weichspülen. Anders als bei handelsüblichen Weichspülern verfliegt der Essiggeruch schon beim Trocknen.)

- Streicheln Sie nie eine schlafende Katze. Sie wird erschrecken und Ihnen im schlimmsten Fall in die Hand beißen oder Sie kratzen. Döst sie nur, also bewegen sich, zum Beispiel, ihre Ohren, wenn Sie auf sie zu- oder an ihr vorbeigehen, sprechen Sie sie zuerst leise an. Hat sie ihre Augen geöffnet, führen Sie Ihre Hand zuerst vor den Kopf ins Blickfeld der Katze, dann streicheln sie sie am Kopf, bevor Sie den restlichen Körper streicheln.
- Berühren Sie Ihre Katze nie überraschend und so, dass sie Ihre Hand vorher nicht sehen kann. Wenn Sie eine Katze streicheln möchten, führen Sie Ihre Hand immer zuerst mit etwas Abstand vor den Kopf der Katze. So kann sie Ihre Hand frühzeitig sehen und entscheiden, ob sie bleiben und gestreichelt werden möchte oder ob sie lieber weggeht. Achten Sie dabei aber auch genau auf die Signale der Katze. Denn dass sie nicht weggeht, heißt noch lange nicht, dass sie gestreichelt werden möchte. Wenn sie sitzen- oder liegenbleibt, heißt das erst einmal nur, dass sie in diesem Augenblick sitzen- oder liegenbleiben möchte – nicht mehr und nicht weniger.
- Berühren und streicheln Sie Ihre Katze grundsätzlich zuerst am Kopf. Vielleicht kennen Sie schon das „Köpfchen geben", eine Begrüßung befreundeter Katzen: sie reiben ihre Köpfe kurz aneinander und tauschen dadurch Duftstoffe aus. Manche Katzen machen dies auch mit ihren Menschen.

Den Kopf der Katze also mit den Händen zu berühren, ist eine ähnliche Geste für die Katze, der Sie damit signalisieren: *Wir verstehen uns gut!* In der Regel lieben Katzen es, am Kopf gestreichelt zu werden. Dort sitzen die meisten Duftdrüsen, und durch Ihr Streicheln verteilen Sie den Duft großzügig über den ganzen Kopf und den Körper. Für die Katze ist das eine Art Wohlfühlprogramm, denn es ist ein sehr vertrauter Duft.

- Streicheln Sie Ihre Katze häufig. Gelegenheiten dazu gibt es genug, nicht nur abends vor dem Fernseher, sondern beugen Sie sich auch tagsüber öfter hinunter, wenn sie Ihnen, zum Beispiel, um die Beine streicht. Jedes Streicheln bedeutet für die Katze eine erneute Festigung der Bindung zwischen Ihnen beiden. Achten Sie nur darauf, sie nicht zu streicheln, wenn sie aus Ihrer Sicht etwas falsch gemacht hat, sondern immer dann, wenn sie sich richtig verhält.

- Und es gibt noch etwas, das viele Katzen lieben – wenn Sie sie an der einzigen Stelle, die sie selbst nicht erreichen können, ab und zu mal ein kleines bisschen kratzen: zwischen den Schulterblättern. Das ist da, wo Sie, zum Beispiel, Anti-Flohmittel auftragen, weil sie es sich dort weder ablecken noch mit den Pfoten abwischen kann. Deshalb ist es für eine Katze ab und zu eine Wohltat, wenn Sie sie dort ganz leicht kratzen (aber achten Sie darauf, dass Ihre Fingernägel intakt sind und die Haut der Katze nicht verletzen können).

5.3
Was Sie nicht gegen Probleme tun sollten

Sucht man nach Möglichkeiten, problematisches Verhalten von Katzen zu beenden, findet man zahllose Ratschläge im Internet, in Ratgebern zum Thema Katzen, und manchmal geben auch Tierärzt_innen Ratschläge. Vertrauenswürdig erscheinen dann diejenigen Methoden, die am häufigsten wiederholt und angepriesen werden – ohne, dass Sie wirklich nachprüfen können, ob diese Methoden tatsächlich geholfen oder nicht sogar noch größeren Schaden angerichtet haben.

Fragen Sie dann Fachleute, finden Sie oft heraus, dass ein großer Teil dieser Ratschläge Unsinn ist, gar nicht funktioniert oder sogar schädlich für die Katze ist.

Einige dieser Ratschläge und Methoden lehne ich deshalb ab und werde sie Ihnen in diesem Buch auch bei keinem Problem raten – im Folgenden erkläre ich Ihnen warum.

5.3.1
Bei anderen funktioniert es doch auch

Wenn Sie Probleme mit Ihrer Katze haben, dann sollten Sie sofort handeln. Viele stückeln sich aber die Problemlösungen zusammen, die sie im Internet finden, die ihnen Freund_innen oder ihr_e Tierärzt_in raten, die im Fernsehen gezeigt werden oder in Ratgebern stehen.

Das hat nur in seltenen Fällen wirklich und dauerhaft Erfolg, denn Sie brauchen sehr viel Glück, um dabei die passende Maßnahme für Sie und Ihre Katze zu finden. Warum? Weil diese Maßnahmen meist nicht dort ansetzen, wo sie es tun sollten: bei den Menschen selbst und beim Lebensumfeld der Katze.

Stattdessen werden Katzen häufig „angefaucht", angebrüllt, geschubst, geworfen, geschlagen oder mit Psychopharmaka ruhig gestellt, sie bekommen ein Glöckchen ans Halsband oder werden mit Clickertraining traktiert.

„Bei anderen funktioniert es doch auch", rechtfertigen viele dieses Herumprobieren, denn die anderen haben scheinbar ähnliche Probleme und haben diese in den Griff bekommen (das behaupten sie jedenfalls).

Doch ist das der falsche Ansatz. Denn zum einen haben die anderen häufig wenig bis gar nichts im Griff, wenn man genau hinschaut, schon gar nicht nachhaltig. Zum anderen ist jede Katze anders, jeder Mensch und jedes Lebensumfeld ebenfalls.

Wenn Sie Probleme mit Ihrer Katze haben, dann hängen diese immer mit Ihrer ganz individuellen Kombination aus Katze + Mensch + Umfeld zusammen.

Dementsprechend sollten Sie auch Ihre Maßnahmen auf diese spezielle Kombination aus Katze + Mensch + Umfeld abstimmen. Dieses Buch wird Ihnen dabei helfen.

5.3.2
Schimpfen und Bestrafen

Viele Menschen nehmen an, eine Katze würde auf ihre Signale so reagieren, wie sie es von anderen Menschen, besonders Kindern, gewohnt sind. Deshalb handeln sie auch bei Problemen so, wie sie es bei anderen Menschen tun: sie verlieren die Geduld mit der Katze, werden wütend, schreien sie an oder schlagen sie sogar. Und wenn sie sich bei größeren Problemen gar nicht anders helfen können, wird das Tier medikamentös ruhig gestellt, gleich ausgesetzt oder sogar eingeschläfert.

Auf die letzten drei Punkte komme ich später noch einmal zurück. Hier möchte ich erst einmal etwas zu Bestrafungen sagen. Im Grunde reicht ein Satz:

Mit Anschreien und Schlagen (oder Wegschubsen, Werfen und Ähnlichem) machen Sie alles nur noch schlimmer.

Und das hat einen ganz einfachen Grund: diese übergriffigen Handlungen erschüttern das Vertrauen der Katze in Sie. Teils sogar so gravierend, dass Ihre Katze große Angst vor Ihnen bekommt, die sich wiederum in ganz neuen problematischen Verhaltensweisen ausdrücken kann.

Dafür genügt schon ein einziger, winziger Klaps.

Katzen haben ein großes Repertoire an Signalen, die sie einsetzen, wenn sie das Verhalten einer anderen Katze stört. Anschreien und Schlagen, Wegschubsen und Werfen gehört nicht dazu.

In der Regel kommen diese Reaktionen des Menschen auch viel zu spät. Wenn Sie beispielsweise nach Hause kommen und Ihre Katze während Ihrer Abwesenheit auf Ihr Kopfkissen gepinkelt hat, bringt es überhaupt nichts, die Katze mit der Nase in das Kissen zu drücken. Egal, wann sie dort hingepinkelt hat – sie kann diese übergriffige und brutale Gewalt überhaupt nicht mit dem Pinkeln am falschen Ort in Verbindung bringen. Sie bringt sie aber womöglich damit in Verbindung, dass sie Sie gerade noch freundlich begrüßt oder nur ein bisschen Futter gefressen hat.

Wenn die Katze dann noch einmal auf Ihr Kopfkissen pinkelt und sich dann duckt, wenn Sie nach Hause kommen, dann interpretieren viele Menschen das so, dass die Katze wüsste, was sie getan hat und jetzt ein schlechtes Gewissen hätte. Falsch!

Die Katze hat nichts weiter als Angst vor Ihnen. Weil Sie ihre Signale nicht verstanden haben.

Oft sind diese sehr vermenschlichten „Strafen", egal wie leicht sie Ihnen vorkommen mögen, sogar der Auslöser für die Probleme, deretwegen Sie dieses Buch gekauft haben. Selbst wenn Sie Ihre Katze nur ein einziges Mal mit einem klitzekleinen Klaps „bestraft" haben, kann das auf Jahre zu Problemen führen.

Wenn Sie es sich angewöhnt haben, so auf unerwünschtes Verhalten ihrer Katze zu reagieren, gewöhnen Sie es sich bitte unbedingt und sofort ab! Sie richten damit mehr Schaden an, als Sie ahnen.

Außerdem haben Sie jede Menge Alternativen, die allesamt das Zusammenleben mit Ihrer Katze fördern, anstatt es zu verschlechtern. Die Alternativen finden Sie hier in diesem Ratgeber.

Die gute Nachricht ist: Katzen sind immer bereit, dem Menschen erneut Vertrauen zu schenken. Doch dieses Geschenk müssen Sie sich erarbeiten – mit viel Geduld und liebevoller Konsequenz.

5.3.3
Auf die Katze einreden

Viele Menschen reden ständig auf ihre Tiere ein, egal, ob es Hunde, Katzen, Vögel, Kaninchen oder Schildkröten sind. Und wenn Katzen in den Augen ihrer Menschen etwas falsch gemacht haben, wird noch mehr geredet – dann aber genervt oder wütend, und öfters auch mal laut.

Diese Dauerbeschallung sollten Sie unbedingt und sofort einstellen, egal in welcher Lautstärke. Denn sie schafft Ihnen sehr viel mehr Probleme als Sie glauben.

Eine Katze, die neu in Ihrem Haushalt ist, wird Sie zu Beginn eine Zeitlang erwartungsvoll anschauen, weil sie denkt, bei so viel Lautäußerung passiert jetzt bestimmt etwas, vielleicht das Anreichen eines Leckerli oder eine Aufforderung zum Spielen.

Kommen aber weder Leckerli noch Spiel, werden manche Katzen sehr schnell auf Durchzug schalten. Sie stufen Ihr Gequassel als etwas ein, für das es sich nicht lohnt, aufmerksam zu sein oder herzukommen. Und das bedeutet, dass Ihre Katze fortan auch nicht mehr kommen wird, wenn Sie sie wegen wichtiger Dinge rufen. Weil das bei ihr unter „Menschengequassel" fällt, und das kann man ja getrost ignorieren – so haben Sie es ihr beigebracht.

Allerdings können längst nicht alle Katzen auf Durchzug schalten. Für viele bedeutet ständiges Gerede, womöglich noch in Verbindung mit Musik und anderem Lärm, nur eins: puren Stress. Manche verkriechen sich nur in eine ruhigere Ecke, andere werden den Stress auf andere Weise los: durch Verhaltensauffälligkeiten.

So lange Sie so viel mit Ihrer Katze reden, wird es für Sie auch schwieriger sein, Erfolge bei der Veränderung der Probleme zu erzielen. Das Wichtigste, das Sie daher tun sollten, ist dies:

Sprechen Sie ab sofort nur dann mit der Katze, wenn Sie wirklich etwas von ihr wollen. Fassen Sie sich kurz, beschränken Sie sich auf einzelne Worte.

Und rufen Sie in ganz normaler Sprechlautstärke nach ihr. Die Ohren von Katzen sind in der Regel gut genug, um sogar Ihr Flüstern noch im Nebenraum oder ein paar Räume weiter zu hören.

Darüber hinaus können Katzen sehr gut zwischen einzelnen Worten und dem Ton, in dem Sie etwas sagen, unterscheiden. Wenn Sie dauernd mit dem Tier reden, wird diese wunderbare Fähigkeit maximal überstrapaziert und ist nur schwer wiederzuerlangen.

Wenn sie das neue Schweigen der Katze gegenüber ab sofort konsequent durchziehen, kann es zwar sein, dass sie auf Ihr Rufen trotzdem nicht immer kommt. Sie traut dem Braten vielleicht noch nicht oder sieht einfach keinen Grund, zu Ihnen zu kommen. Akzeptieren Sie das und lassen Sie sie in Ruhe. Spätestens, wenn die Katze Hunger hat und Sie sie rufen, weil sie Futter bekommen soll, wird sie kommen. Mehr Ansprache ist – von einem gelegentlichen Nein! (in Normallautstärke) und vom Loben abgesehen – ohnehin meistens nicht nötig.

5.3.4
Clickertraining

Clickertraining ist hip. Keine TV-Sendung, kein neuer Ratgeber, kein Forum und keine Internetseite, wo Ihnen das Clickertraining nicht als Beinahe-Wundermittel für alle Probleme mit Tieren angepriesen wird. Doch schafft das Clickern oftmals mehr Probleme als es löst.

Es gibt drei Gründe, warum ich das Clickertraining nicht nur nicht empfehle, sondern ablehne.

1. Katzen haben ein extrem gutes Gehör (was mit ein Grund dafür ist, dass ein Flüstern eigentlich fast immer ausreicht). Deshalb ist das Geräusch des Klickerns für eine Katze ein im Grunde sehr unangenehmes Geräusch, das auch in der Natur so nicht vorkommt. Manche Katzen (aber nicht alle) gewöhnen sich irgendwann daran, vor allem, wenn sie immer sofort mit Leckerli belohnt werden.
Aber unangenehm ist und bleibt es für die hochempfindlichen Katzenohren. Und es gibt in meinen Augen keinen Grund, eine Katze mit unangenehmen Dingen zu traktieren, schon gar nicht, wenn man möchte, dass sie ihr Verhalten zum Positiven ändert.
2. In vielen Fällen ist Clickertraining auch kontraproduktiv, denn viele Menschen bekommen Kopf und Finger gar nicht so schnell koordiniert, wie sie es müssten, um den Clicker haargenau im richtigen Moment zu drücken. Dadurch kommen viele Klicks zu spät und verwirren die Katze nur. Das kann für Sie beide auf Dauer sehr frustrierend sein. Und Ihren Problemen hilft das erst recht nicht.
3. Oftmals hat man den Clicker ohnehin nicht parat, wenn er gerade nötig wäre. Denn es genügt natürlich nicht, die Katze nur während der Übungssessions per Clicker zu loben – Sie müssen sie jederzeit loben können (siehe auch „Immer und immer wieder loben", Seite 55). Und das können Sie nur konsequent mit einem Werkzeug, das Sie immer parat haben: Ihrer Stimme.

Ein Clicker ist in meinen Augen nicht einmal ein gutes Werkzeug für Menschen, die nicht sprechen können. Für sie gibt es durchaus angenehmere Geräusche und Möglichkeiten. Für alle anderen aber gilt:

Alles, was Sie mit Clickertraining theoretisch erreichen könnten, können Sie nach meinen Erfahrungen genauso gut durch Ihre Stimme erreichen.

Ihre Stimme ist ein viel leichter zu nutzendes Werkzeug als ein Clicker. Sie haben Sie immer dabei, Sie können sie jederzeit einsetzen. Aber Sie müssen auf das haargenaue Timing Ihrer Reaktion achten. Und Sie müssen diese Übungen genauso häufig, geduldig und konsequent durchführen, wie Sie es mit dem Clicker tun würden.

Nur ist das Lob, also die Belohnung, per Stimme eben auch dann da, wenn der Clicker gerade nicht auffindbar ist. Dadurch verpassen Sie keine Gelegenheit, das neue Verhalten Ihrer Katze genau dann zu loben, wenn es nötig ist, und nicht nur dann, wenn Sie den Clicker zufällig parat haben.

Hinzu kommt: Katzen können nicht nur Ihre Stimme aus Tausenden anderen Stimmen heraushören. Sie können auch bestimmte Worte und Klänge sehr genau zuordnen. Klingt Ihr Lob konstant und kommt es rechtzeitig, haben Sie damit das beste Werkzeug, um Ihrer Katze mehr Sicherheit zu geben.

Und lesen Sie doch bei Gelegenheit mal Aldous Huxleys Buch „Schöne neue Welt". Dort werden Babys und Kleinkinder unter anderem durch Geräusche auf ein bestimmtes Verhalten trainiert. Das ist dem Clickertraining, wie ich finde, gar nicht so unähnlich.

5.3.5
Krallen schneiden oder ganz entfernen

Katzen die Krallen entfernen zu lassen ist in Deutschland glücklicherweise verboten. Sie ihnen zu schneiden ist es leider noch nicht. Für mich ist das völlig unverständlich, denn es ist Tierquälerei.

Nicht nur, weil Sie Ihrer Katze dadurch schlimme Schmerzen zufügen können, sondern auch, weil die Krallen lebenswichtige Funktionen für eine Katze haben.

Zum einen markieren sie mit den Krallen die Grenzen ihres Reviers und hinterlassen anderen Katzen dadurch den Hinweis: Hier betrittst du mein Revier. Damit sichern sie sich ihre Lebensgrundlage: das Revier, in dem sie ihre Nahrung fangen. Diese Markierung nehmen sie selbstverständlich auch in der Wohnung vor, zum Beispiel an Kratzbäumen und -brettern. Das Ergebnis muss immer für andere Katzen sichtbar sein, sei es durch Rillen im Material oder durch herunterhängende Fäden oder Fetzen. Mit gekürzten Krallen ist dies aber nicht mehr möglich, was dazu führen kann, dass die Katze sich in ihrem eigenen Revier nicht mehr sicher fühlt.

Zum anderen sind Krallen für lebenswichtige Dinge da: zum Fangen von Beute, zur Abwehr, zum Springen, zum Fliehen und zur Rettung auf höher gelegene, sicherere Plätze. Mit den Krallen kann sich die Katze festhalten oder sicher zum Stand kommen. Sind die Krallen aber stumpf, kann sich eine Katze bei einem Sprung schwer verletzen. Und die Abwehr eines anderen Tieres oder auch nur das artgerechte Spielen mit einem Spielzeug ist so nicht möglich.

Wenn Sie Ihrer Katze die Krallen stutzen (wollen), um Ihre Tapeten und Sofas zu retten und die eigenen Hände und Arme zu schonen, finden Sie in diesem Buch viele wirksame Wege und Tipps, die Katze vom Kratzen abzuhalten.

Stutzen Sie Ihrer Katze niemals die Krallen!

Dies gilt genauso für Wohnungskatzen wie für Freigängerkatzen, ohne Ausnahme.

5.3.6
Medikamente

In manchen Fällen sind gesundheitliche Probleme für Verhaltensauffälligkeiten von Katzen verantwortlich. Deshalb sollten Katzen grundsätzlich zuerst tierärztlich untersucht werden, um gesundheitliche Probleme ausschließen oder diagnostizieren und behandeln zu lassen.

Sehr häufig sind es aber keine gesundheitlichen Probleme, die das Verhalten der Katze verändern. Und trotzdem werden Tierärzt_innen oft um Rat gefragt. Die meisten haben jedoch im Studium nie gelernt, wie sich Katzen verhalten, wie sie kommunizieren und was nicht gesundheitlich bedingte Verhaltensauffälligkeiten auslösen kann. Wenn sie nicht zusätzlich Tierpsychologie studiert oder selbst schon ihr Leben lang Katzen haben, ist ihr Wissen über die Verhaltenspsychologie dieser Tiere nicht größer als Ihres.

Wenn eine Katze nun Verhaltensauffälligkeiten zeigt, die nicht auf eine körperliche Krankheit zurückzuführen sind, dann geben manche Tierärzt_innen den Menschen trotzdem Medikamente mit. Sie meinen, die würden Tier und Mensch das Leben erleichtern. Sie sollen das Tier ruhigstellen oder zumindest etwas ruhiger machen und dadurch die Verhaltensauffälligkeit mildern.

Doch diese Herangehensweise ändert nichts an den Gründen, den Auslösern für die Verhaltensauffälligkeit. Die Probleme bestehen deshalb weiterhin.

Seien Sie daher bitte ganz besonders vorsichtig, wenn es darum geht, Verhaltensweisen einer gesunden Katze, die Sie als problematisch empfinden, durch Medikamente, insbesondere durch Psychopharmaka, zu „heilen". In sehr vielen Fällen sind diese Medikamente überflüssig, und sie verlängern nur das Leid der Katze.

Nierensteine, Infektionen, Parasiten usw. sind Gesundheitsprobleme, die in der Regel sehr gut medikamentös behandelt werden können. Das Kratzen am Sofa, das Zubeißen beim Streicheln, das Verstecken unterm Bett und andere Verhaltensauffälligkeiten sind aber bei körperlich gesunden Katzen nicht medikamentös heilbar, sondern nur durch eine Veränderung Ihres Verhaltens und des Umfelds der Katze.

5.3.7
Unbedingt eine zweite Katze dazuholen

Häufig wird Menschen geraten, eine Zweitkatze ins Haus zu holen. Oft gerade dann, wenn die Einzelkatze problematische Verhaltensweisen zeigt. Aber:

Eine Zweitkatze ist niemals die Lösung für Ihre Probleme mit der Erstkatze.

Katzen müssen nicht zu zweit sein, um sich wohler oder „weniger einsam" zu fühlen. Sie sind von Natur aus keine Rudeltiere wie Hunden oder Menschen, sondern leben autark und unabhängig voneinander.

In der Natur leben Katzen nur in wenigen, ganz bestimmten Fällen mit anderen Katzen zusammen. Sie tun dies aber nicht, weil ihnen die Gesellschaft so angenehm ist, sondern sie akzeptieren die enge Nachbarschaft, wenn das Nahrungsangebot besonders reichlich ist, wie, zum Beispiel, auf Bauernhöfen. Von solchen Orten ist auch bekannt, dass Katzen anderen Katzen helfen, wenn die gerade geworfen haben. Sie helfen ihnen dabei, die Jungen zu putzen oder manchmal akzeptieren sie diese sogar an den eigenen Zitzen. Dies sind aber nur sehr seltene Vorkommnisse, sie sind absolut nicht die Regel.

Mancherorts leben Katzen gezwungenermaßen auf engerem Raum miteinander, in Wohnsiedlungen, beispielsweise, wo die Katzendichte oft besonders hoch ist. Deshalb überschneiden sich die Reviere dort noch stärker als auf dem Land. In der Regel aber versuchen Katzen, ihre eigenen Reviere zu halten und müssen oft kilometerlange Strecken in Kauf nehmen, um ein passendes Revier zu finden.

Eine Wohnungskatze ist ebenfalls nicht auf die Anwesenheit einer anderen Katze angewiesen. Es gibt auch keinerlei wissenschaftliche Nachweise, dass sich eine Katze nach einer Spielgefährtin sehnt. Schon gar nicht in dem winzigen Revier einer Wohnung, das schon für eine einzige Katze eigentlich viel zu klein ist.

Sehr viele Katzen sind zwar sehr anpassungsfähig und anpassungswillig und nehmen die Anwesenheit anderer Katzen bis zu einem gewissen Grad in Kauf. Dieser Grad variiert aber stark von Katze zu Katze. Es gibt Katzen, die grundsätzlich keine andere Katze in ihrem kleinen Revier dulden. Das müssen Sie akzeptieren.

Wenn Ihnen nun geraten wird, unbedingt eine Zweitkatze ins Haus zu holen, dann sollten Sie sich zuerst ganz ehrlich fragen:

Ist es wirklich richtig und sinnvoll für die Katze?

Denn, warum soll eine zweite Katze in dieses winzige Revier hinzukommen? Können Sie wirklich nicht alleine für das sorgen, was eine Einzelkatze braucht? Können Sie wirklich nicht zwei- bis dreimal am Tag zu festen Zeiten zehn bis zwanzig Minuten Spielzeit für Ihre Katze erübrigen?

Noch einmal: eine Zweitkatze ist niemals die Lösung für Ihre Probleme mit der Erstkatze.

Im Gegenteil – häufig verstärken sich die Probleme durch eine Zweitkatze.

Übrigens auch für Sie, denn zwei Katzen machen natürlich auch doppelt so viel Arbeit und benötigen doppelt so viel von Ihrer Zeit wie eine.

Wenn Sie sich am Ende dennoch für eine zweite Katze entscheiden, finden Sie dafür einige Tipps im Kapitel „Eine neue Katze in den Haushalt integrieren" (Seite 209).

5.3.8
Gassigehen mit der Wohnungskatze

Wenn jemand einer Wohnungskatze Verhaltensstörungen und / oder Depressionen aufgrund großer Langeweile und zu geringer Bewegungsmöglichkeiten diagnostiziert, kommen manche auf die Idee, mit ihrer Katze Gassi zu gehen.

Es gibt meines Wissens keinerlei wissenschaftliche Belege, dass Wohnungskatzen mit Gassigehen glücklicher sind als ohne. Ich empfehle es aber nicht, weil Katzen keine Hunde sind.

Ein Hund freut sich, wenn er mit seinem Alphatier (dem Menschen) in die Natur kann, denn er bewegt sich gerne, er ist ein Rudeltier, und nur im Rudel fühlt er sich sicher und wohl. Hunde gehen gerne lange und ausdauernd mit ihrem Alphatier Gassi; noch besser ist es, wenn das Alphatier mit dem Hund spielt. Der ist außerdem ständig mit der Nase am Boden schnüffelnd unterwegs, denn daraus zieht er den Großteil seiner Informationen über die Gegend, in der er unterwegs ist. Für ihn ist fast alles interessant, was am Boden herumliegt, zumal es ja auch ein Spielzeug oder Futter sein könnte.

Eine Katze ist aber kein Rudeltier. Sie wandert und jagt nicht mit ihrem Rudel. Sie geht alleine auf Jagd. Sie erschnüffelt gezielt, wo Katzen markiert haben, um zu prüfen, wie sicher das Revier für sie gerade ist. Dann geht sie auf Suche nach Futter (Mäusen) gezielt dorthin, wo Mäuse sind (was sicher nicht der Wegesrand im Stadtpark ist). Sie zieht sich zurück und wartet dann, bis eine Maus hervorkommt. Manchmal wartet sie eine halbe Ewigkeit.

Gehen Sie mit einer Katze Gassi, kann sie höchstens erschnüffeln, wo andere Katzen markiert haben. Aber da ist auch schon Schluss für sie. Die Katze kann ihrer Natur und ihrem Instinkt nicht weiter folgen, sie kann keine Mäuse fangen und ihren Jagdtrieb nicht befriedigen, da die Beute sich erst dann blicken lässt, wenn Katze und Mensch längst wieder weg sind. Selbst wenn eine unvorsichtige Beute in Sichtweite käme, hinge die Katze ja immer noch an Ihrer Leine und könnte die

Maus nicht jagen. Nicht zuletzt würden Sie wohl eher nicht mit Ihrer Katze eine Stunde oder länger in der Dunkelheit warten, damit die Katze eine Maus fangen, erlegen und fressen kann.

Und schließlich: ein Hund folgt seinem Alphatier, er ordnet sich unter, er passt sich dem Rudel an. Eine Katze aber folgt nur sich selbst, sie ordnet sich nicht automatisch unter, und sie passt sich nur dort dem Menschen an, wo es für sie wichtig ist, bei den Futterzeiten, zum Beispiel. Ihrer Natur gemäß kommen Katzen (anders als Hunde) sehr gut alleine klar. Deshalb kann Gassigehen für manche Katzen echte Tierquälerei sein.

Was also bieten Sie einer Katze wirklich, wenn Sie mit ihr Gassi gehen? Was hat sie tatsächlich davon? Entspricht das Gassigehen wirklich einer artgerechten Haltung?

Wenn Sie unbedingt möchten, dass Ihre Katze in die Natur gehen können soll, dann gibt es nur eine Lösung: Ziehen Sie mit ihr in das entsprechende Umfeld, wo sie ihrer Natur gemäß alleine unterwegs sein kann, ohne von einer Leine gegängelt oder gestoppt zu werden.

Und wenn Ihre Katze tatsächlich wegen großer Langeweile und zu geringer Bewegungsmöglichkeiten Verhaltensstörungen entwickelt hat oder depressiv geworden ist, dann sollten Sie sich zunächst einmal wesentlich mehr mit ihr beschäftigen und mit ihr so spielen, dass sie sowohl die Bewegung bekommt, die sie braucht, als auch ihren Jagdtrieb ausleben kann. Tipps dafür bekommen Sie in diesem Buch unter anderem im Kapitel „So spielen Sie richtig mit Ihrer Katze" (Seite 68) und im Kapitel, das das betreffende Problem behandelt.

5.3.9

Halsband mit Glöckchen

Wenn Freigänger-Katzen öfter mal mit Vögeln im Maul nach Hause kommen, ist für viele Menschen die Sache klar: schuld ist die Katze. Sie wird auch vorrangig dafür verantwortlich gemacht, dass die Vogelpopulation in den Gärten sinkt. Das ist aber grundfalsch.

Die Verantwortung für den Rückgang der Vögel trägt ausschließlich der Mensch.

Und das hat vor allem zwei Gründe.

1. Der Hauptgrund für den Rückgang der Singvögel in den Gärten sind, neben der ausgeräumten Landschaft, die Gärten selbst. Der Mensch hat sie zunehmend so gestaltet, dass sie ihm möglichst wenig Arbeit machen. Mehr als Rasen und Zäune gibt es da oft gar nicht mehr. Büsche, Bäume und Blumenbeete werfen Blüten und Laub ab, das heißt, sie machen Arbeit und kommen folglich weg. Das, was sich doch noch durchsetzt, wird durch Pflanzengifte zerstört.

   Ohne einheimische Büsche und Bäume haben Vögel in Gärten aber weder genügend Sitz- und Brutplätze noch genug zu fressen. Denn durch die stark verringerte Zahl an heimischen Blühpflanzen und Sträuchern hat sich auch die Zahl der Insekten und Saaten verringert, die Grundnahrungsmittel der Vögel. Allein die Zahl der Insekten ist laut NABU um 80 Prozent zurückgegangen. Je weniger Grundnahrungsmittel und Brutplätze vorhanden sind, desto stärker reduziert sich natürlich auch die Zahl der Singvögel in den betreffenden Gärten.

2. Der zweite Grund hat mit dem Lebensrhythmus der Menschen zu tun. Wenn der Mensch den Katzen eine Wahl ließe, wären die tagsüber sehr viel seltener unterwegs als nachts, weil das ihre Natur ist. Doch die Menschen sparen sich die Katzenklappen, die es den Katzen ermöglichen, einen natürlichen, artgerechten Lebensrhythmus zu haben. Stattdessen machen die Menschen morgens vor der Arbeit die Tür auf, dann muss die Katze raus, und nach der Arbeit darf sie wieder rein.

   Natürlich fangen Katzen dann tagsüber die Beute, die tagsüber aktiv ist: Vögel. Allerdings zielen sie in der Regel nur auf die leichteste Beute ab: alte, kranke Vögel oder unerfahrene Jungvögel.

   Mäuse hingegen, die natürliche Hauptnahrung von Katzen, sind nachtaktiv. Würde der Mensch der ebenfalls von Natur aus nachtaktiven Katze eine Katzenklappe einbauen und eine Ruhezone einrichten, würde sie Mäuse jagen.

Einzige Lösung: Katzenklappe

Wenn Sie nun die letzten Singvögel in Ihrem Garten vor der Katze retten möchten, sollten Sie zuerst eine Katzenklappe in ein Fenster oder eine Tür einbauen. So kann die Katze frei entscheiden, wann sie auf die Jagd geht.

Während der Brut- und Setzzeit der Vögel sollten Sie darauf achten, die Katze so früh zu füttern, dass sie mit ihrem Toilettengang und der Revierprüfung draußen durch ist, bevor die Jungvögel ihre ersten Flugversuche starten. Eine Fütterung zwischen 6 und 8 Uhr morgens reicht dafür in der Regel aus.

Tagsüber braucht die Katze dann einen ruhigen Schlafplatz, um nachts fit für die Mäusejagd sein zu können. Dann werden Sie sehen, dass die Katze tagsüber zwar auch mal nach draußen geht, aber meist nur, um die Blase zu leeren, das Reviernachrichten zu „lesen" und sich dann gleich wieder drinnen schlafen zu legen.

Eine zusätzliche, sehr hilfreiche Maßnahme wäre, im Garten zahlreiche heimische Büsche und Bäume anzupflanzen, damit die Vögel wieder Brutplätze und natürliches Futter bekommen.

Ein Halsband mit Glöckchen ist lebensgefährlich

Viele Menschen meinen, sie könnten ihre Katze von der Vogeljagd dadurch abhalten, dass sie ihnen ein Halsband mit Glöckchen umhängen. Doch das stimmt nicht. Denn zum einen ist das ständige Geklingel des Glöckchens eine Qual für das feine Gehör der Katzen. Zum anderen lernen einige (aber nicht alle) Katzen sehr schnell, sich beim Beutefang so zu bewegen, dass das Glöckchen nicht klingelt. Und wenn es dann doch durch eine hastige Bewegung wieder klingelt, ist es für den Vogel ohnehin meist zu spät.

Nicht zuletzt ist ein Halsband für die Katze lebensgefährlich! Sie kann damit bei einem Sprung irgendwo hängen bleiben. Im schlimmsten Fall kann sie sich nicht selbst befreien und verdurstet oder wird zu Tode stranguliert und erstickt sehr langsam und sehr qualvoll.

Ein Glöckchen ist also nicht nur nutzlos und Tierquälerei, sondern auch lebensgefährlich für die Katze. Wie eben beschrieben, gibt es außerdem andere Wege, die Singvögel im Garten zu erhalten.

6
So können Sie Probleme mindern oder lösen

In den folgenden Abschnitten beschreibe ich die häufigsten Probleme mit Katzen, nenne Ihnen viele der möglichen Gründe (immer vorausgesetzt, Ihre Katze ist körperlich gesund). Anschließend gebe ich Ihnen zu jedem Problem Tipps, um es zu beseitigen oder es zumindest dauerhaft zu verbessern.

Ich kann Ihnen nicht garantieren, dass diese Tipps tatsächlich funktionieren. Denn das hängt in erster Linie von Ihnen, Ihrer Konsequenz und Ihrer Geduld ab.

In den meisten Fällen ist das unerwünschte Verhalten einer Katze aber gut zu verändern – auch ohne, dass Sie sie weggeben, aussetzen oder einschläfern lassen (siehe auch „Niemals aussetzen oder einschläfern lassen!", Seite 97) oder sich von Ihren Partner_innen trennen.

Bitte beachten Sie: selbst wenn es nur einen einzigen Grund für ein unerwünschtes Verhalten der Katze gibt, sollten Sie nie nur eine einzige Lösung ausprobieren, selbst wenn die sofort erfolgreich ist. Beachten Sie immer auch die anderen Lösungstipps, denn die stabilisieren den Erfolg erst und machen ihn dauerhaft. Und sie helfen dabei, der Katze ein katzengerechtes Umfeld zu schaffen, in dem sie sich wohlfühlen kann.

Bitte beachten Sie außerdem: Meine Tipps für Lösungsmaßnahmen gehen grundsätzlich davon aus, dass Sie Ihre Katze tierärztlich sehr gründlich haben untersuchen lassen, und dass Ihre Katze gesund ist.

Bevor ich nun zu den einzelnen Problemen komme, möchte ich noch auf zwei Dinge eingehen: das Nicht-Kastrieren und das Aussetzen oder Einschläfern von Katzen.

6.1
Niemals aussetzen oder einschläfern lassen!

Manche Menschen sind so sehr mit ihrer Katze oder ihren Katzen überfordert, dass sie sich ihrer auf besonders unverantwortliche Weisen entledigen. Sie setzen sie einfach aus, egal wie es der Katze dann ergehen wird, oder sie lassen sie sogar einschläfern.

Dabei gibt es nach meiner Erfahrung kein unerwünschtes Verhalten einer körperlich gesunden Katze, das nicht dauerhaft zum Positiven veränderbar ist. Auch eine körperlich kranke Katze kann ein anderes Verhalten lernen, sodass das Zusammenleben für Sie beide wieder positiv wird.

Es genügt dabei nicht, sich selbst nur als „Dosenöffner" zu sehen und zu erwarten, dass die Katze dann „funktioniert". In dem Augenblick, in dem Sie eine Katze bei sich aufnehmen, übernehmen Sie die Verantwortung für dieses Tier. Sie übernehmen damit die Aufgabe und die Pflicht, dem Tier eine artgerechte Behandlung angedeihen zu lassen und es vor Negativem bestmöglich zu schützen.

Kommen Sie mit einer Katze nicht klar, suchen Sie sich bitte Hilfe oder geben Sie die Katze dorthin, wo man ihr ein artgerechtes Leben ermöglichen kann. Aussetzen und Einschläfern kann und darf keine Lösung sein.

Und nicht zuletzt:

Wer ein Tier aussetzt oder verjagt, muss mit einer Geldbuße von bis zu 25.000 Euro rechnen. Das Töten einer Katze kann mit Freiheitsentzug von bis zu drei Jahren bestraft werden.

6.2
Katze kastrieren lassen

Es gibt unzählige unkastrierte Freigängerkatzen. Vielen Menschen ist die Kastration/Sterilisation zu teuer, andere wollen den Katern ihren „Stolz" nicht nehmen oder den Kätzinnen die Möglichkeit, einmal im Leben Mutter zu werden (und wissen dann oft nicht, wohin mit all den Katzenkindern). Doch ist dieses Verhalten nicht nur sehr egoistisch und vom Menschen aus gedacht. Es ist auch unverantwortlich. Denn:

87 % aller Katzen landen wegen unerwünschter Trächtigkeit im Tierheim!

1996 wurde laut Deutschem Tierschutzbund e. V. noch rund ein Drittel aller Katzen im Tierheim abgegeben, weil sie trächtig waren oder schon Jungtiere hatten. 2010 waren es bereits 87 Prozent!

Die Tierheime haben gar nicht genug Platz für all die Tiere, die zu ihnen gebracht werden. Und manche müssen dann ein ganzes Jahr auf eine Chance auf ein neues Leben warten, wenn sie diese Chance überhaupt je bekommen.

Anderen Katzen werden die unerwünschten Jungen weggenommen und ausgesetzt, ersäuft oder erschlagen – auch heute noch.

Fragen Sie deshalb immer Ihre Tierärztin nach sicheren und nebenwirkungsfreien Wegen, Ihren Katzen Freigang zu ermöglichen, ohne dass anschließend entweder Ihre Katze oder gleich die Katzen der gesamten Nachbarschaft Junge haben, die niemand haben will. Oder lassen Sie Ihre Katze kastrieren/sterilisieren.

Und sollten Sie mit Ihrem Wohnungskater Probleme haben: einige dieser Probleme können darauf zurückzuführen sein, dass er nicht kastriert ist. Wenn Ihnen die anderen genannten Tipps nicht helfen, sollten Sie eine Kastration in Erwägung ziehen. Die allein wird aber nicht genügen, um das Verhalten nachhaltig zu verändern. Sie sollten immer auch die weiteren Tipps beachten und durchführen.

6.3
Die Katze ist unsauber

„Unsauber" heißt hier, die Katze pinkelt und kotet an unüblichen Orten (das heißt, nicht in die Katzentoiletten). Das bewusste Markieren an bestimmten Stellen in der Wohnung behandle ich im Kapitel „Die Katze markiert in der Wohnung" (Seite 112).

Der Unterschied zwischen Unsauberkeit und Markieren ist vor allem an der Menge zu erkennen. Bei Unsauberkeit hinterlässt die Katze eine Pfütze mit reichlich Flüssigkeit oder auch Kot. Unsauberkeit findet sich eher auf horizontalen Flächen (Fußboden, Betten usw.). Und bei Unsauberkeit nutzt die Katze die Katzentoilette selten bis gar nicht.

Beim Markieren spritzt eine Katze gezielt eine geringe Menge Urin an strategische Stellen, zum Beispiel an vertikale Flächen wie Wände, Gardinen, stehende Möbelstücke und in der unmittelbaren Nähe von Eingängen, durch die fremde Katzen kommen könnten (Türen und Fenster). Sie markieren selten auf horizontalen Flächen (oder in Schuhe, Taschen und Ähnliches). Die Katzentoilette bleibt aber für Urin und Kot Sammelplatz Nr. 1.

Wenn Sie sich unsicher sind, womit Sie es hier zu tun haben, beobachten Sie Ihre Katze und deren Hinterlassenschaften genau und ziehen Sie alle Umgebungsfaktoren in Betracht – in der Regel werden Sie dann den Unterschied erkennen können.

Nun also zunächst zur Unsauberkeit.

Das Problem

Die Katze pinkelt und kotet nicht in ihre Katzentoiletten. Manche tun es stattdessen an vielen Stellen in der Wohnung, manche machen in Ihr

Bett, Ihre Schuhe, Ihre Taschen, auf die Jacken Ihres Besuches, in die Blumentöpfe, auf das Sofa usw.

Mögliche Gründe

- Die Katzentoiletten werden zu selten gesäubert.
- Sie haben die Katze am Standort der Katzentoiletten oder in den Katzentoiletten schon einmal bestraft. Oder die Katze hat hier schon einmal andere negative Dinge erlebt.
- Es gibt nur eine Katzentoilette.
- Die Katzentoiletten haben eine Haube.
- Die Katzentoiletten sind zu klein.
- Der Eingang zu den Katzentoiletten ist zu eng (bei dicken oder besonders großen Katzen) oder zu hoch (bei alten oder arthritischen Katzen).
- Die Katzentoiletten stehen an einem falschen Ort:
    - zu laut,
    - Durchgangszimmer,
    - zu versteckt,
    - zu dunkel,
      zu feucht (Badezimmer),
    - nicht direkt zugänglich (Tür dorthin muss extra geöffnet werden),
    - Hunde und Kinder haben zu leicht Zugang oder sind dauernd in der Nähe,
    - Zugang ist für die Katze erschwert (zum Beispiel dadurch, dass eine andere, dominantere Katze den Zugang bewacht oder versperrt oder etwas für die Katze Beängstigendes steht im Weg),
    - mehrere Katzentoiletten stehen direkt nebeneinander.
- Die Katzenstreu ist zu grob, zu hart oder zu klebrig.
- Es gibt keine Katzenstreu, sondern nur Zeitungspapier in den Katzentoiletten.

- Es liegt eine knisternde Folie unter der Katzenstreu.
- Es steht Futter und/oder Trinkwasser direkt neben den Katzentoiletten.
- Sie geben der Katze falsches Futter (zum Beispiel ausschließlich Trockenfutter), das sie nicht so gut verdauen kann.
- Das Katzenfutter beinhaltet zu wenig Flüssigkeit.
- Die Katze hat Schmerzen beim Lösen (erkennbar an einem Fiepen oder Miauen beim Urinieren oder Koten – lassen Sie sie spätestens dann sofort tierärztlich untersuchen!).
- Die Katze hatte in früheren Zeiten einmal große Probleme und/oder Schmerzen beim Lösen. Auch wenn diese Probleme lange behoben sind und sie heute schmerzfrei ist, kann das noch nachwirken (befragen Sie dazu Ihr_en Tierärzt_in).
- Eine andere/fremde Person kümmert sich um die Katze, macht aber die Katzentoiletten nicht richtig und/oder nicht oft genug sauber.
- Die Katze hat Stress mit anderen Katzen im Haushalt oder im Revier.
- Es gibt häufig Stress und Streitigkeiten innerhalb der Familie oder jemand im Haushalt ist sehr aggressiv.
- Ihre Katze ist nicht kastriert und/oder erreicht gerade die soziale Reife (älter als 2 Jahre).
- Ihre Katze hat gesundheitliche Probleme (zum Beispiel verstopfte Analdrüsen, Harnsteine, Blasenentzündung, Infekte der Harnwege und der Nieren, Viren, Pilze, Parasiten, Tumore oder FIV. Lassen Sie dies bitte unbedingt tierärztlich abklären!).

Lösungstipps rund um die Katzentoilette

1. Leeren Sie die Katzentoiletten mindestens zweimal am Tag, das heißt, entnehmen Sie die Streu, die voller Urin ist, und den Kot. Wenn das nicht ausreicht, wechseln Sie täglich die komplette Streu aus. Das geht am Anfang ein bisschen ins Geld, aber das Auswechseln der Streu können Sie in den meisten Fällen nach einigen Wochen Stück für Stück auf ein Normalmaß reduzieren.

2. Ihre Katzensitter_innen müssen die Katzentoiletten in Ihrer Abwesenheit mindestens zwei- bis viermal pro Tag leeren (siehe Punkt 1). Da die Lebenssituation sich für die Katze stark verändert hat (Bezugsperson ist weg, andere/fremde Person ist da), muss alles doppelt so gut, doppelt so zuverlässig und pünktlich geschehen, als die Katze es eigentlich von Ihnen gewohnt ist.
3. Putzen Sie die Katzentoiletten etwa alle zwei Wochen, nicht öfter (Putzen heißt hier: Streu herausnehmen und den Behälter auswaschen). Benutzen Sie dafür niemals stark riechende Putzmittel, sondern unparfümierte Mittel. Die Katzentoilette darf anschließend noch immer leicht nach Katzenurin riechen. Das signalisiert der Katze, dass dies der richtige Ort zum Urinieren ist.
4. Ist der Uringeruch schon zu stark in die Plastikwannen eingezogen oder sind die Katzentoiletten schon alt, kaufen Sie neue.
5. Eine Katzentoilette sollte immer doppelt so lang sein wie die Katze. Haben Sie eine Katzentoilette mit Haube, muss die von der Streu-Oberfläche aus gemessen mindestens eineinhalbmal so hoch sein wie Ihre Katze. Es ist immer besser eine zu große Katzentoilette zu haben als eine zu kleine.
6. Stellen Sie die Katzentoiletten an einen anderen Ort. Katzen müssen sich beim Lösen sicher fühlen können. Dabei hilft es ihnen, ihr Umfeld im Blick zu haben. Irgendwo versteckt hinter einem Schrank ist es manchen Katzen unmöglich, sich zu lösen, und sie suchen sich einen anderen Ort dafür (zum Beispiel Ihr Sofa). Wenn sie aber den gesamten Raum im Blick haben können, ist es meist leichter.
Stellen Sie die Katzentoiletten aber nie radikal um, sondern schieben Sie sie zentimeterweise um – manche Katzen kommen mit starken und plötzlichen Veränderungen nicht gut klar und reagieren manchmal auch darauf mit Unsauberkeit.
7. Stellen Sie keine Katzentoiletten neben Futterplatz oder Schlafplatz. Futter, Schlafplätze und Toiletten sollten in jeweils anderen Räumen untergebracht sein.
8. Stellen Sie die Katzentoiletten nicht neben Maschinen, die laute Geräusche machen können, wie Waschmaschinen, Kühlschränke

oder Heizungen. Viele Katzen fühlen sich bei solchen Geräuschen zu unwohl, um sich dort lösen zu können.

9. Stellen Sie die Katzentoiletten nie an einem Durchgangsort (wie dem Flur oder der Diele) auf, an dem dauernd jemand vorbeiläuft. Das ist zu viel Unruhe für die Katze.

10. Die Katzentoiletten müssen also an einem Ort stehen, der für die Katze frei zugänglich ist. Das heißt aber, dass auch eine andere in der Wohnung lebende Katze den Zugang nicht blockieren können darf. Haben Sie auch deshalb immer eine Toilette mehr als Katzen im Haushalt leben. Bei einer Katze also zwei Toiletten, bei zwei Katzen drei Toiletten und so weiter. So können auch ängstliche Katzen rechtzeitig eine Toilette finden, weil eine dominante Katze nicht alle drei Toiletten auf einmal bewachen kann.

11. Stellen Sie diese Toiletten in verschiedene Räume, insbesondere, wenn Sie mehr als eine Katze haben. Sie sollten nie alle nebeneinander im selben Raum, sondern jede in einem anderen Raum stehen.

12. Jede Wohnungskatze und jede Freigängerkatze ohne Katzenklappe (also eine Katze, die nur hinaus und hinein kann, wenn Sie ihr die Tür öffnen) benötigt zwei Toiletten: eine für Urin, eine für Kot. In der Natur liegen diese beiden Plätze grundsätzlich mindestens einige Meter auseinander.

Bei Freigängerkatzen, die eine Katzenklappe haben, genügt häufig eine Toilette für den Notfall. In den meisten Fällen wird sie sie ohnehin so gut wie nie nutzen, es sei denn, zum Beispiel, die Katzenklappe ist zugefroren, vor der Katzenklappe finden Bauarbeiten statt oder eine andere Katze blockiert diesen Ausgang.

13. Wechseln Sie die Streu aus. Katzen haben sehr unterschiedliche Vorlieben. Manche Katze kommt vielleicht mit schotterähnlicher Streu klar, für viele Katzen ist aber eine weichere Streu nötig. Probieren Sie mehrere Streusorten aus. Das beste Zeichen für die richtige Streu ist, dass Sie Ihre Katze dabei ertappen, dass sie es sich auf der frischen, sauberen Streu gemütlich gemacht hat. Da viele Katzen radikalen Wechsel nicht gut vertragen, können Sie die

neue Streu nach und nach in immer größer werdenden Portionen unter die alte Streu mischen, bis nur noch neue Streu übrig ist.
14. Nehmen Sie nie parfümierte Streu. Allein der künstliche Geruch ist für viele Katzen ein Grund, sich nicht in der Katzentoilette zu lösen. Streu sollte immer möglichst geruchlos sein oder ihren natürlichen Geruch haben.
15. Nehmen Sie keine Streu, die, wenn sie feucht ist, an den Pfoten klebt. Das kann die Probleme für die Katze noch verstärken. Klumpstreu ist völlig in Ordnung (und erleichtert Ihnen das Leben), aber Streu aus Papier oder Holz ist bei Problemen eher kontraproduktiv.
16. Probieren Sie aus, ob Ihre Katze lieber in eine Katzentoilette ganz ohne Streu pinkelt. Manche Katzen pinkeln lieber auf glatte Flächen als in Streu. Nehmen Sie als Unterlage kein Zeitungspapier, denn die Druckerfarbe kann auf die Katzenpfoten abfärben. Druckerfarbe ist aber nichts, was eine Katze täglich mehrmals von ihren Pfoten lecken müssen sollte. Wenn Ihre Katze lieber auf eine glatte Fläche pinkelt, sollten Sie die Katzentoilette anschließend jedesmal auswischen, damit die Katze den Urin nicht über die Pfoten in die ganze Wohnung trägt.
17. Nehmen Sie die Hauben von den Katzentoiletten ab. Manche Katzen fühlen sich unwohl und unsicher, wenn sie ihr Geschäft in einem abgeschlossenen Raum vornehmen sollen. Ohne die Haube haben sie wieder Überblick über die Umgebung, für den Fall, dass Feinde kommen. An der Geruchsentwicklung ändert das übrigens wenig – der Geruch entweicht sowieso. Viel schlimmer ist der langanhaltende Geruch, der dadurch entsteht, dass eine Katzentoilette zu selten gesäubert wird (siehe auch „Im Hausflur stinkt es nach „Katze"", Seite 110).
18. Die Aufstellorte für die Katzentoiletten müssen für die Katze positiv besetzt sein. Auch die Katzentoiletten selbst müssen positiv besetzt sein. Das heißt, wenn Sie ihr irgendwann einmal an dem betreffenden Ort oder rund um die Toilette einen Klaps gegeben haben, wenn Sie ihre Nase hier in Kot oder Urin gestoßen haben, wenn sie sich hier schon einmal erschreckt hat oder dieser Ort

andere schlechte Erinnerungen in ihr weckt, dann müssen Sie den Standort wechseln und / oder die Katzentoiletten austauschen.

19. Ist Ihre Katze zu dick für den Eingang zur Katzentoilette, lassen Sie sie abspecken (siehe auch „Die Katze ist sehr dick", Seite 203) und nehmen Sie die Haube ab oder vergrößern Sie den Eingang. Dabei sollten Sie aber beachten, dass von Hand zersägtes Plastik oft messerscharfe Kanten oder Spitzen hat, an denen sich die Katze verletzen kann. Die sicherere Lösung wäre da, die Haube ganz abzunehmen.

20. Ist Ihre Katze alt und / oder hat Arthritis, kann sich also nicht mehr so gut bewegen, dann geben Sie ihr ebenerdig zugängliche Katzentoiletten, damit sie ihre schmerzenden Beine nicht mehr über die hohen Schwellen heben muss. Um zu verhindern, dass sie dann beim Zukratzen der Hinterlassenschaften das ganze Zimmer mit Streu überhäuft, können Sie jeweils eine größere Wanne mit höheren Wänden besorgen. In diese Wanne schneiden Sie auf einer Seite einen ebenerdigen Eingang ein (Achtung: scharfe Kanten müssen gerundet oder abgedeckt werden!). Dann stellen Sie die ebenerdige Katzentoilette in die Mitte. So fängt die äußere Wanne das meiste aus der Katzentoilette auf und lässt sich ganz einfach leeren.

21. Geben Sie Ihrer Katze mehr Nassfutter als Trockenfutter (es sei denn, Ihr_e Tierärzt_in hat aus gesundheitlichen Gründen ein spezielles Trockenfutter empfohlen; in diesem Fall konsultieren Sie sie_ihn noch einmal). Durch Trockenfutter bekommen gerade Wohnungskatzen schnell Verstopfung, die besonders schmerzhaft sein kann. Kommen dann noch andere der möglichen Gründe hinzu, wird es für die Katze regelrecht zur Qual, zur Toilette zu gehen. Dann erleichtert sie sich eher an Orten, die für sie sehr positiv besetzt sind, zum Beispiel Ihr Bett.

Genügt auch das Nassfutter noch nicht, dann mischen Sie Ihrer Katze immer ein bisschen Wasser unter das Dosenfutter oder geben Sie ihr ein bisschen Naturjoghurt dazu. Tun Sie dies aber nur, wenn Ihre Katze wirklich unter Verstopfung leidet. Sonst bescheren Sie ihr womöglich Durchfall, der für Katzen schnell lebensgefährlich werden kann. Leidet Ihre Katze unter chronischer Verstopfung oder chronischem Durchfall, lassen Sie sie unbedingt sofort tierärztlich untersuchen!

22. Haben Sie eine Langhaarkatze? Dann kann es sein, dass Kot an den Haaren am After klebt, der furchtbar ziept und schmerzt. Lassen Sie diese Haare von einer Fachfrau abschneiden oder sich von ihr zeigen, wie Sie dies tun können (zumindest, wenn Ihre Katze das von Ihnen zulässt). Vorsicht: dabei können Sie Ihre Katze sehr schnell verletzen und die ganze Situation dadurch noch verschlimmern. Im Zweifel hat die Katze dann nicht nur verklebten, ziependen Kot im Fell und Angst vor dem Lösen, sondern jetzt auch noch Angst vor Ihnen.
23. Sorgen Sie für eine friedliche Atmosphäre zwischen Ihren Katzen. Wie das geht, erkläre ich im Kapitel „Die Katze streitet sich ständig mit anderen", Seite 137). Lassen Sie Katzen außerdem kastrieren – das allein kann viel Spannung aus der Situation nehmen (ersetzt aber nicht die hier genannten, sonstigen Maßnahmen).
24. Sorgen Sie dafür, dass es in Ihrem Haushalt und dem Umfeld keine Aggressivität und keinen Stress gibt. Denn Katzen spiegeln den Stress ihrer Menschen, und das kann sich auch in Verhaltensauffälligkeiten wie der Unsauberkeit äußern.

Lösungstipps für die betroffenen Stellen

Bitte beachten Sie: die obigen Maßnahmen allein werden im Fall von Unsauberkeit nicht ausreichen, um das Verhalten der Katze zu ändern. Sie müssen in jedem Fall die folgenden Lösungstipps rund um die betroffenen Stellen zusätzlich umsetzen.

1. Säubern Sie sofort alle Stellen in der Wohnung, auf die Ihre Katze gepinkelt oder gekotet hat, mit einem Enzymreiniger. Benutzen Sie kein Scheuermittel, Bleichmittel, Spülmittel oder ähnliche Standardmittel, denn damit bekommen Sie den Geruch nicht heraus. Auch nicht mit natürlichen und Öko-Putzmitteln. Wenn Sie nichts mehr riechen, riecht es für die feine Nase der Katze nämlich noch stark genug nach dem richtigen Ort zum Urinieren und

Koten. Benutzen Sie auch niemals ammoniakhaltige Mittel, denn Ammoniak ist auch im Katzenurin enthalten. Der ist ebenfalls eine Einladungskarte zum Weitermachen. Enzymreiniger sind die einzigen Mittel, die hier wirksam sind.

2. Nicht alle haben diese Möglichkeit, doch in vielen Fällen wäre es besser, den Bodenbelag an diesen Stellen vollständig auszutauschen, insbesondere, wenn es sich um PVC, Linoleum, Laminat oder Teppichboden handelt. Denken Sie daran, auch den unter dem Belag liegenden Boden mit Enzymreiniger zu behandeln, da wahrscheinlich Urin dorthin durchgesickert ist. Für Sitzmöbel sollten Sie komplett neue Sitzkissen oder Bettdecken kaufen. Eventuell müssen Sie auch Teile des Gestells des Sitzmöbels erneuern (wenn es sich, zum Beispiel, um Holz handelt). Nichts sollte mehr auch nur ansatzweise nach Urin oder Kot an diesen Stellen riechen.

3. Mit dem Putzen der betroffenen Stellen oder dem Austausch von Boden und Kissen allein ist es aber nicht getan. Sie müssen diese Orte für die Katze neu definieren. Dazu haben Sie folgende Möglichkeiten:

4. Blockieren Sie den Zugang zu diesen Stellen (mindestens so lange, bis diese Stellen trocken sind). Stellen Sie dort ein Möbelstück hin, oder legen Sie einen für die Katze unangenehmen Belag dorthin, wie Noppenfolie oder Alufolie. Dadurch lernt sie, dass es unangenehm, nicht mehr so leicht oder sogar unmöglich ist, diesen Bereich zu betreten.

5. Besetzen Sie diesen Bereich zusätzlich auf andere Weise: stellen Sie der Katze Futter an die Stelle, an die sie früher gepinkelt hat (und die jetzt vollständig gereinigt ist). Da Katzen nie an der Stelle fressen, auf die sie gepinkelt haben, ist diese Stelle für sie ab sofort tabu für den Urin- und Kotabsatz.

6. Eine andere Neuverknüpfung mit diesem Ort kann auch übers Spielen geschehen. Dafür muss dieser Ort vollständig gereinigt und trocken sein. Er darf absolut nicht mehr nach ihren Ausscheidungen riechen. Spielen Sie mit Ihrer Katze an genau dem Ort, an den sie gepinkelt oder gekotet hat.

7. Loben Sie Ihre Katze sofort, wenn sie an diesem Ort das Richtige gemacht hat: gefressen oder gespielt, und nicht gepinkelt oder gekotet. Es gibt (außer Leckerli) nichts, was Katzen mehr Auftrieb und Antrieb gibt als ein fröhliches Lob (siehe auch „Immer und immer wieder loben", Seite 55).
8. Bei diesen Formen der Neuverknüpfung eines vorher bepinkelten und bekoteten Ortes kann es leider viele Rückschläge geben. Lassen Sie sich davon nicht entmutigen!

Je länger ihre Katze dort schon hingemacht hat, je länger der Grund dafür besteht und je inkonsequenter Sie vielleicht bei der Neuverknüpfung waren, desto länger kann es dauern, diesen Ort mit etwas Neuem zu verknüpfen.

Haben Sie Geduld und bleiben Sie konsequent! Aber bestrafen Sie Ihre Katze niemals, wenn sie nach Wochen dann doch plötzlich wieder dort hingemacht hat. Fangen Sie einfach ganz ruhig wieder von vorne an.

6.4
Im Hausflur stinkt es nach „Katze"

Das Problem

In vielen Mehrparteienhäusern gibt es Klagen darüber, dass es im Hausflur nach „Katze" stinkt. Der Geruch zieht aus der betreffenden Wohnung in den Hausflur und hängt dort fest, egal wie stark die genervte Nachbarschaft lüftet. Manche Menschen denken sogar, Katzen stänken grundsätzlich so (das ist jedoch nicht der Fall – Katzen stinken grundsätzlich nicht!).

Mögliche Gründe

- Die Katzentoiletten werden zu selten gesäubert.
- Die Wohnung wird nicht ausreichend gelüftet.
- Die Katze nutzt keine Katzentoilette, sondern löst sich in der Wohnung, und diese Stellen werden nicht sachgerecht gesäubert.

Lösungstipps

- Kaufen Sie neue Katzentoiletten.
- Entfernen Sie die Streu, die voller Urin ist, und den Kot mindestens zweimal am Tag aus den Katzentoiletten.
- Kaufen Sie einen dicht verschließbaren, kleinen Mülleimer, der ausschließlich für Katzenurin und -kot genutzt wird. Achten Sie darauf, dass dieser Mülleimer nach jedem Gebrauch dicht verschlossen wird. Bringen Sie die Hinterlassenschaften Ihrer Katze täglich in die Restmülltonne draußen vor dem Haus.
- Ihre Katzensitter_innen müssen die Katzentoiletten in Ihrer Abwesenheit mindestens zwei- oder dreimal pro Tag leeren. Da die

Lebenssituation sich in dieser Zeit für die Katze stark verändert hat (Bezugsperson ist weg, fremde Person ist da), muss alles doppelt so gut, doppelt so zuverlässig und pünktlich geschehen, als die Katze es eigentlich von Ihnen gewohnt ist.

- Putzen Sie die Katzentoiletten etwa alle zwei Wochen, nicht öfter. Putzen heißt hier: die komplette Streu entfernen und den Behälter reinigen. Benutzen Sie dafür niemals stark riechende Putzmittel, sondern möglichst wenig oder unparfümierte Mittel. Die Katzentoiletten sollten anschließend noch immer ganz leicht nach Katzenurin riechen. Das signalisiert der Katze, dass dies der einzig richtige Ort zum Lösen ist.
- Benutzen Sie keinerlei Raumsprays oder Ähnliches. Lüften Sie stattdessen Ihre Wohnung mindestens viermal täglich für jeweils eine halbe Stunde (oder achtmal für je 15 Minuten). Sichern Sie Ihre Fenster dabei jedesmal so, dass die Katze weder herausspringen kann, noch Gefahr läuft im Fensterspalt steckenzubleiben (siehe auch „Vorausschauend handeln", Seite 58).
- Sollte die Katze nicht in der Katzentoilette, sondern scheinbar wahllos, irgendwo in der Wohnung Urin und Kot absetzen, befolgen Sie die Lösungsvorschläge im Kapitel „Die Katze ist unsauber", Seite 100).
- Lüften Sie den Hausflur auf Ihrer Etage täglich mehrmals, bis sich der Geruch auch aus dem Hausflur endgültig verzogen hat.

6.5
Die Katze markiert in der Wohnung

Im Kapitel „Die Katze ist unsauber" (Seite 100) habe ich den Unterschied zwischen Unsauberkeit und Markieren erklärt. Wenn Sie nun herausgefunden haben, dass Ihre Katze nicht unsauber ist, sondern nur an ganz gezielten Plätzen in der Wohnung mit Urin markiert, dann sind Sie in diesem Kapitel richtig.

Das Markieren ist für Katzen eine ganz natürliche und instinktive Handlung. Sie markieren ihr Revier an strategischen Stellen unter anderem durch Urinspritzer. Sie können aus den Harnmarkierungen anderer Katzen vieles heraus-„lesen", unter anderem den Zeitpunkt der Markierung, den Status oder auch den Grad des Selbstbewusstseins der anderen Katze. Eine Harnmarkierung ist also für Katzen ein wichtiges Kommunikationsmittel.

Darüber hinaus vermittelt das Markieren der Katze ein Gefühl der Sicherheit, denn sie weiß, dass andere Katzen nun erkennen, dass dies ihr Revier ist. Dieses Wissen steigert auch ihr Wohlbefinden.

Wenn Ihre Katze nicht nur markiert, sondern außerdem auch ängstlich oder aggressiv ist, lesen Sie bitte auch die Kapitel „Die Katze ist aggressiv" (Seite 121) und „Die Katze kommt unterm Bett nicht mehr hervor" (Seite 164). Aber zurück zum „normalen" Markieren mit Urin.

Das Problem

Die Katze markiert an unerwünschten Stellen mit Urin: an den Wänden, an der Gardine, an der Tür, an Tischbeinen, auf dem Sofa, auf dem Bett, in Schuhen und an allen möglichen anderen Stellen. Es sind jedesmal vergleichsweise kleine Mengen Urins, die sie hinterlässt. Doch sie kehrt immer wieder an diese Stellen zurück, um sie neu zu markieren.

Dies kann sowohl in Ihrer Anwesenheit geschehen als auch, wenn Sie eine Nacht oder drei Wochen lang weg sind.

Mögliche Gründe

- Ihre Katze hat Angst. Diese entsteht besonders häufig durch Vorkommnisse im direkten Umfeld der Katze, zum Beispiel:
    - eine neue Katze in der Wohnung oder in der Nachbarschaft,
    - Stress, Streit und Ärger unter den Menschen in der Wohnung oder in der Nachbarschaft,
    - ungewohnter Lärm,
    - neue Personen (Kinder) im Haushalt.
- Die Katze erlebt eine beunruhigende Veränderung in der Wohnung oder in der Nachbarschaft. Mit dem Markieren verschafft sie sich in dieser Zeit ein wenig Sicherheit. Selbst Dinge, die uns eher banal erscheinen, können einen enormen Einfluss auf Ihre Katze haben, zum Beispiel:
    - wenn Sie mit einem fremden Geruch an Schuhen oder Hosen nach Hause kommen,
    - wenn Sie Möbel verschieben oder neue Möbel anschaffen,
    - wenn sich Ihr Tagesablauf plötzlich verändert,
    - wenn Sie Ihrer Katze auf einmal weniger Zeit und Aufmerksamkeit widmen als bislang,
    - wenn jemand Neues mit in die Wohnung zieht,
    - wenn jemand mit kleinen Kindern in die Nachbarwohnung zieht,
    - wenn fremde, laute Menschen plötzlich öfter in der Wohnung zu Besuch sind,
    - wenn Sie plötzlich weg sind (durch Urlaub oder Krankenhausaufenthalte) und vieles mehr.
- Im Haushalt leben mehrere Katzen. Mit der Urinmarkierung zeigen die Katzen ihren Willen, das Revier friedlich mit der oder den anderen zu teilen.

- Sie sind gerade umgezogen, die Wohnung riecht anders als die vorherige, und/oder die Katze kann andere Katzen außerhalb der Wohnung hören, sehen oder wittern.

Lösungstipps

1. Sämtliche Stellen, an denen Sie Harnmarkierungen finden, sollten Sie sehr gründlich mit Enzymreiniger behandeln, sodass sie an keiner Stelle mehr nach Urin riechen. Und Sie sollten die Stellen, an denen die Katze bislang markiert hat, neu verknüpfen – durch Futter, durch Spielen oder durch Blockaden (siehe dazu auch die Hinweise im Kapitel „Die Katze ist unsauber", Seite 100).
2. Wenn Sie eine weitere Katze in den Haushalt integriert haben, dann ist diese Integration offensichtlich nicht so gelaufen, wie Sie sie es sich erhofft haben. Das mögen Sie nicht erkennen, weil es kaum oder sogar keine lautstarken Streitereien zwischen den Katzen gibt. Doch eine Verhaltensveränderung einer Katze, wie das plötzliche Markieren, ist ein eindeutiger Hinweis. Beobachten Sie Ihre Katzen genau und befolgen Sie außerdem die Tipps im Kapitel „Eine neue Katze in den Haushalt integrieren" (Seite 209).
3. Ist eine neue Katze in die Nachbarschaft gezogen und kann Ihre Katze sie sehen, riechen oder hören, dann können Sie das Harnmarkieren an der betreffenden Stelle (zum Beispiel an der Haustür) einerseits dadurch unterbinden, dass Sie neben der Haustür ein Kratzbrett anbringen, das die Katze statt durch Harn nun durch ein Krallenwetzen markieren kann. Führen Sie außerdem die Schritte aus dem Kapitel „Die Katze zerkratzt Möbel und Tapeten" (Seite 116) durch, um der Katze das Kratzbrett schmackhaft zu machen.

Bitten Sie außerdem Ihre Nachbar_innen, ihre Katzen nicht in den Hausflur hinaus zu lassen. Leben Sie auf dem Land und wandern fremde Katzen um Ihre Wohnung oder Ihr Haus herum, dann unterstützen Sie Ihre Katze am besten dadurch, dass Sie die fremden Katzen von Ihrem Grundstück verscheuchen. Füttern Sie sie niemals, streicheln Sie sie auch nicht, sondern starren Sie ihnen direkt in die Augen, bis sie kehrtmachen und das Grundstück verlassen (siehe auch „Signale der Augen", Seite 35).

4. Wie Sie Stress, Streit und Ärger innerhalb Ihrer Wohnung beenden können, wissen Sie besser als ich. Sie sollten in solchen schwierigen Zeiten aber immer ein besonders gutes Auge auf Ihre Katze haben, denn die leidet sehr unter solchen Zuständen, erst recht, wenn sie als reine Wohnungskatze keinerlei Fluchtmöglichkeit nach draußen hat.

    In den Stress und die Streitereien Ihrer Nachbarschaft können Sie sich wahrscheinlich eher selten einmischen. Doch Sie können die Situation für Ihre Katze erleichtern. Bleiben Sie selbst ganz ruhig und entspannt – denn Ihre eigene Anspannung überträgt sich immer auch auf Ihre Katze, selbst wenn Sie ihr das äußerlich nicht ansehen. Beschäftigen Sie sich deshalb ganz bewusst mit ihr, wenn sie wach ist, spielen Sie mit ihr und bestrafen Sie sie auf keinen Fall für mögliches Fehlverhalten (es ist ja nicht ihr Fehler – ihr Verhalten ist nur eine ganz natürliche, instinktive Reaktion auf das, was in ihrem Umfeld vor sich geht). Lesen Sie dazu auch die Kapitel „So spielen Sie richtig mit Ihrer Katze" (Seite 68), „Immer und immer wieder loben" (Seite 55) und „Schimpfen und bestrafen" (Seite 80).

5. Bei ungewohntem Lärm, den Sie nicht abstellen können, zum Beispiel durch Maschinen, sollten Sie selbst ganz bewusst entspannt bleiben und sich ebenfalls ganz bewusst mehr um Ihre Katze kümmern als sonst (siehe Punkt 4). Wenn Sie selbst den Lärm verursachen, helfen Sie Ihrer Katze, wenn Sie nach Alternativen suchen (so könnten Sie zum Beispiel bei lauter Musik mit Hilfe von Kopfhörern dafür sorgen, dass Ihre Katze, die ja ein extrem sensibles Gehör hat, nicht noch stärker verstört wird).

6. Wenn sich Veränderungen in Ihrem Leben ergeben, sollten Sie diese immer möglichst behutsam vornehmen und sich ganz besonders um Ihre Katze kümmern (wie oben beschrieben). Denn längst nicht jede Katze reagiert cool und unbeteiligt auf Veränderungen. Viele Menschen erkennen erst Wochen oder Monate später (manche nie), dass das plötzlich veränderte Verhalten der Katze zu der Zeit begann, als es diese Veränderungen gab.

6.6
Die Katze zerkratzt Möbel und Tapeten

Das Problem

Ihre Katze kratzt in Ihrer Wohnung so lange an Möbeln, Tapeten, Gardinen, Teppichen und/oder Türrahmen herum, bis sie unansehnlich, ganz in Fetzen oder total kaputt sind. Ob es sich um Sachen vom Sperrmüll, Antikmöbel oder Designermobiliar handelt, ob Sie uralte Tapeten an den Wänden haben oder funkelnagelneue Gardinen – kaum sind die Sachen da, werden sie zerkratzt.

Mögliche Gründe

Das Wetzen der Krallen ist etwas ganz Natürliches bei Katzen. Zum einen müssen sie es machen, um die alten Hüllen ihrer Krallen loszuwerden und die Krallen zu schärfen. Zum anderen markieren sie damit ihr Revier, um anderen Katzen zu zeigen: Hier wohne ich! Und sie tun es oft in Sichtweite aller (Revier-) Eingänge, durch die andere Katzen kommen könnten oder durch die sie andere Katzen sehen: also in Sichtweite von Katzenklappen, Fenstern, Haustüren, Zimmertüren, Terrassen- und Balkontüren.

Dieses Verhalten ist den Katzen angeboren, was bedeutet, dass sie es tun, selbst wenn sie schon seit 20 Jahren in einer Wohnung leben und nie in ihrem ganzen Leben Freigang bekommen haben.

Sie brauchen Kratzmöglichkeiten aber nicht nur für Reviermarkierung und Krallenpflege, sondern auch für ihr eigenes Wohlbefinden. Sehr oft strecken und dehnen sie beim Kratzen ihre Vorderbeine und den Rücken einmal kräftig durch.

Wetzen Katzen ihre Krallen nun an Ihren Möbeln, Gardinen, Tapeten und Teppichen, kann das folgende Gründe haben:

- Es gibt keine anderen Kratzmöglichkeiten in der Wohnung.
- Die vorhandene Kratzmöglichkeit befindet sich am falschen Ort.
- Die vorhandene Kratzmöglichkeit ist alt, stammt von einer früher hier lebenden Katze, ist unzureichend, schmerzhaft oder aus anderen Gründen für die Katze nicht nutzbar.
- Es gibt zu wenige Kratzmöglichkeiten für die Katze.
- Die vorhandene Kratzmöglichkeit hat nicht die richtige Oberfläche.
- Die vorhandene Kratzmöglichkeit ist nicht gut genug befestigt, wackelt oder verschiebt sich leicht bei Benutzung.
- Die Kratzmöglichkeit ist zu klein, zu niedrig, zu hoch angebracht.
- An der vorhandenen Kratzmöglichkeit hat sich die Katze schon mal verletzt (z. B. an überstehenden Schrauben).

Lösungstipps

1. Bieten Sie Ihrer Katze, auch wenn sie Freigängerin ist, grundsätzlich mindestens eine Kratzmöglichkeit in der Wohnung an.
2. Diese Kratzmöglichkeit könnte ein Kratzbaum sein oder ein Kratzbrett (oder beides).
3. Damit für andere (auch theoretische) Katzen schon von weitem sichtbar ist, dass hier eine Katze lebt, müssen die Kratzmöglichkeiten so beschaffen sein, dass das Material sehr bald und deutlich sichtbar nicht mehr intakt ist. Deshalb lieben Katzen nämlich Tapeten und Sofas, weil man den zerfetzten Stoffen so prima ansehen kann, dass hier schon eine Katze ihre Krallen gewetzt hat. Je besser Sie es sehen, desto sichtbarer ist es natürlich auch für fremde Katzen. Wählen Sie daher immer Kratzmöglichkeiten mit langen, nicht zu weichen Fasern, zum Beispiel Sisal.
4. Benutzt Ihre Katze bereits vorhandene Kratzmöglichkeiten nicht, versuchen Sie, sie an anderer Stelle zu platzieren. Sie sollten nie versteckt hinter irgendetwas sein, sondern so stehen, hängen oder liegen, dass Ihre Katze von dort aus den Raum gut überblicken

kann. Insbesondere dann, wenn am Kratzbaum auch Liegemöglichkeiten befestigt sind.

5. Tauschen Sie, falls das nicht hilft, alte, aber nie oder kaum benutzte Kratzmöglichkeiten gegen neue mit passenderem Material wie Sisal aus. Achten Sie darauf, dass die Kratzmöglichkeiten geruchsneutral sind und nicht nach Chemie (Klebemittel oder Duftstoffen) riechen. Der natürliche Geruch nach Holz oder Sisal dagegen ist völlig in Ordnung.
6. Stellen oder befestigen Sie die Kratzmöglichkeiten immer an – aus Katzensicht – strategisch wichtigen Punkten: in Sichtweite der Eingänge, durch die fremde Katzen (theoretisch) kommen könnten (Katzenklappe, Haustür, Fenster, Terrassen-/Balkontür).

Hat Ihre Katze, zum Beispiel, die Tapete neben der Terrassentür zerfetzt, schrauben Sie ein Kratzbrett auf die Fetzen. Achten Sie dabei darauf, die Schrauben so weit einzubohren, dass die Katze sich daran nicht verletzen kann. Das Kratzbrett sollte fest auf der Wand anliegen und sich nicht mehr bewegen.

7. Probieren Sie unterschiedliche Kratzmöglichkeiten aus. Jede Katze hat andere Vorlieben beim Kratzen. Manche mögen Sisal lieber, andere bevorzugen bestimmte Kartonoberflächen (aber Achtung: haben Sie sich schon mal an Papier geschnitten? Ihre Katze kann das auch – nehmen Sie also Material, an dem sie sich die Pfötchen definitiv nicht aufschlitzen kann).
8. Auch die Ausrichtung der Kratzgelegenheit kann ausschlaggebend sein. Manche Katzen kratzen ungern vertikal – sie lassen Kratzbäume und hochkant angeschraubte Kratzbretter links liegen. Legen Sie dann ein Kratzbrett versuchsweise platt auf den Fußboden und schauen Sie, ob sie die horizontale Lage eher annimmt (ein Hinweis darauf könnten vorher zerschredderte Teppiche und Teppichböden sein).
9. Befestigen Sie die Kratzmöglichkeiten gut. Wenn sie wackeln, sich verschieben oder nicht glatt auf der Wand oder dem Boden aufliegen, kann das schon ein Grund sein, warum Ihre Katze sie nicht benutzt.

10. Jene Stellen, an denen Ihre Katze bislang gekratzt hat, sollten Sie eine Zeitlang für sie unangenehm gestalten, zum Beispiel, indem Sie vorübergehend doppelseitiges Klebeband, Alufolie oder Noppenfolie an diesen Stellen anbringen.
11. Außerdem sollten Sie „Werbung" für die neuen Kratzbäume und -bretter machen, zum Beispiel, indem Sie Ihre Katze immer wieder einmal mit Leckerli dorthin locken und dazu bringen, sich damit zu beschäftigen. Spielen sie dort mit ihr und loben Sie sie immer, wenn sie die gewünschte Kratzstelle benutzt.
12. Sie sollten Ihre Katze außerdem eine Zeitlang gut beobachten. Sowie Sie sehen, dass sie sich zum Kratzen doch wieder an den alten (falschen) Stellen bereit macht, sollten Sie sie sofort ablenken. Schimpfen, Bestrafen oder sogar das Aussperren aus dem betreffenden Raum könnte ihr altes Verhalten nur bestärken. Versuchen Sie daher, sie immer positiv abzulenken – durch ein Spiel (-zeug) oder Leckerli.
13. Sie können außerdem auch eine neue Kratzmöglichkeit auf dem Weg zu der alten Kratzmöglichkeit anbringen, sodass Ihre Katze, wenn sie sich die Krallen wetzen möchte, durch die neue Möglichkeit von ihrem alten Verhalten abgelenkt wird.
14. Eine Hilfe dabei, einer Katze die gewünschten Kratzmöglichkeiten schmackhaft zu machen, kann es sein, ihren Geruch auf das Material zu übertragen. Reiben Sie Ihre Hand so am Gesicht der Katze entlang, wie Sie es immer tun: an den Lippen, an den Wangen und den Ohren. Dort sitzen die Duftdrüsen der Katze, mit denen sie an Möbelecken, Heizungsrippen und Türrahmen vorbei reibt, um ihren Duft dort zu hinterlassen. Dieser Duft sagt ihr: *Hier bin ich zu Hause, hier fühle ich mich wohl und sicher.*

Reiben Sie anschließend Ihre Hand in Katzennasenhöhe am Kratzbrett oder Kratzbaum. Wenn die Katze nun Ihren Geruch sowie ihren eigenen Geruch an der neuen Kratzmöglichkeit wahrnimmt, kann es sein, dass sie sie viel leichter annimmt. Möglich, dass es nicht beim ersten Mal klappt – dann sollten Sie es so oft wiederholen, bis Ihre Katze etwas Angenehmes mit der Kratzmöglichkeit verbindet. Wenn die Katze die Kratzmöglichkeit aber nach einiger Übung und Überzeugungsarbeit immer noch ablehnt, dann wird sie sie wahrscheinlich nie nutzen – oder in dem Moment, in dem Sie die Hoffnung schon längst aufgegeben haben. Verlieren Sie daher nicht die Geduld.

15. Wenn es Ihnen irgendwie möglich ist, ermöglichen Sie Ihrer Katze Freigang. Die beste Lösung ist eine Katzenklappe, dank derer Ihre Katze selbst entscheiden kann, wann sie hinausgeht und wieder hereinkommt. Das macht Ihre Katze selbstbewusster, selbstständiger und selbstsicherer. Sie ist schließlich von Natur aus ein sehr eigenständiges Tier. Und sie wird ihr Revier dann draußen markieren, nicht in der Wohnung.

Übrigens gibt es auch bei modernen wärmedämmenden Scheiben die Möglichkeit, eine Katzenklappe einbauen zu lassen, egal ob am Fenster oder an der Tür. Fragen Sie dazu in einem Fachbetrieb nach – dort kann man den Einbau fachgerecht vornehmen.

Vielleicht werden Sie es auch mit einer Katzenklappe erleben, dass Ihre Katze direkt in Sichtweite der Klappe an der Tapete oder den Möbeln Kratzspuren hinterlässt. Doch in der Regel sind die wesentlich geringer (und können, zum Beispiel, durch ein Kratzbrett an diesen Stellen aufgefangen werden), da die Katze schon die Katzenklappe von außen durch das Reiben daran mit ihrem Geruch markiert. Häufig hört die Katze aber ganz mit dem Kratzen in der Wohnung auf. Andere Katzen, die längst damit aufgehört hatten, beginnen nur dann wieder (oft vorübergehend) mit dem Kratzen, wenn sich Veränderungen ergeben, mit denen sie noch nicht ganz klarkommen, wenn sie ein neues Revier haben (durch Ihren Umzug) oder wenn eine neue Katze in ihr Revier oder ihr Umfeld gezogen ist. Dieses Kratzen gibt sich jedoch mit der Zeit.

6.7
Die Katze ist aggressiv

Das Problem

Die Katze beißt und kratzt Sie und andere Menschen und Katzen, sie zerstört die Haushaltseinrichtung, sie greift aus dem Hinterhalt oder ganz offen an oder sie faucht, wenn Sie nur in ihre Nähe kommen oder sie auch nur anschauen.

Mögliche Gründe

Katzen, die gesund sind und ein stabiles, artgerechtes Lebensumfeld haben, sind von Natur aus keine aggressiven Tiere. Es gibt einige Krankheiten, die eine Katze aggressiv werden lassen. Das können Schmerzen jeglicher Art sein, Infektionen, Vergiftungen, Erkrankungen des zentralen Nervensystems, verstopfte Analdrüsen, Mangelernährung oder andere Gesundheitsprobleme. Lassen Sie diese Möglichkeiten deshalb immer zuerst tierärztlich abklären.

Es gibt auch Auslöser, die eine Katze aggressiv machen, die Sie nicht immer beeinflussen können. Zum Beispiel, wenn eine Katze ihre Jungen verteidigt oder wenn sie auf der Jagd ist.

Eine gesunde Katze wird jedoch in der Regel erst dann aggressiv, wenn ihr Lebensumfeld nicht artgerecht ist, und wenn die Menschen, bei denen sie lebt, ihre Signale nicht erkennen und deshalb falsch mit ihr umgehen. Die Gründe können daher sein:

- Die Katze ist eine wild lebende oder verwilderte Katze, die die Spielregeln in Ihrem Haushalt (noch) nicht kennt.
- Die Katze wurde vor der 12. Woche von der Mutter getrennt (was leider besonders häufig der Fall ist). Das Problem ist, dass das

Kätzchen deshalb in der prägenden Phase nicht genügend von der Mutter hat lernen können und nicht ausreichend mit anderen Katzen und Menschen zusammen gekommen ist. Auch Katzen, die mit der Hand aufgezogen wurden, können aggressive Züge entwickeln. Denn sie haben nie durch andere Katzen lernen können, wie man sich als Katze richtig verhält. Stattdessen haben sie nur gelernt, Konflikte zu lösen, indem sie alle durch Kratzen und Beißen auf Abstand halten.

- Die Katze hat ein einschneidendes Erlebnis gehabt, wie Klapse, Schläge, Tritte, Lärm, Verletzungen oder Schreckmomente. Das muss sie gar nicht in Ihrem Haushalt erlebt haben. Es kann im Tierheim, im vorigen Lebensumfeld der Katze oder schon kurz nach der Geburt passiert sein. Selbst wenn es viele Jahre zurückliegt, kann es das das Verhalten und das Wohlbefinden der Katze aber bis heute beeinflussen. Ein einziges solches Erlebnis kann der Katze (und Ihnen) das ganze Leben schwer machen.
- Die Katze ist eine besonders ängstliche Katze, die sich schnell in die Enge getrieben fühlt (durch einen starren Blick in die Augen, durch laute Stimmen, Getrampel, Gefuchtel mit den Händen, durch Kinder, Hunde oder andere Geräusche und Bewegungen) und deshalb aus reinem Überlebensinstinkt in den Angriffsmodus übergeht.
- Die Katze hat keinerlei Fluchtmöglichkeit, keinen Ort, an dem sie in Ruhe gelassen wird und sicher ist.
- Die Katze wurde über einen langen Zeitraum missverstanden und falsch behandelt. Möglicherweise ist dieses aggressive Verhalten zur Gewohnheit geworden, weil es die einzige Möglichkeit war, sich zu wehren, sich die Menschen vom Leib zu halten und / oder die aufgestaute Spannung loszuwerden.
- Die Katze leidet, wie die meisten Wohnungskatzen, unter ungeheurer Langeweile. Nicht nur hat sie lediglich ein winziges Revier zur Verfügung – da passiert auch den ganzen Tag nichts. Nichts raschelt, nichts bewegt sich hinter den Möbeln, nichts fliegt über sie hinweg. Sie können nur aus dem Fenster starren und anderen Katzen und Lebewesen dabei zusehen, wie die die Freiheit genießen können. Viele Katzen warten deshalb sehnsüchtig, bis

jemand nach Hause kommt, weil sie sich dadurch großen Spaß erhoffen. Wenn der nicht kommt, wenn niemand mit ihnen ausgiebig spielt, können sie die Langeweile und die dadurch aufgestauten Spannungen nicht loswerden. Wenn sich dann doch mal jemand für ein paar Minuten auf sie einlässt, dann entladen sich all diese Spannungen unbewusst in aggressivem Verhalten. Das ist ein ganz natürlicher Prozess (und beim Menschen übrigens häufig nicht anders).

- Ihre Katze fühlt sich aus einem oder mehreren Gründen bedroht, vielleicht durch Sie, durch den Geruch einer anderen Katze, die gerade von der Tierärztin kommt, oder durch Hundekot an Ihren Schuhen. Vielleicht auch durch andere Menschen in ihrem Umfeld oder durch fremde Katzen, die ihre Komfortdistanz nicht einhalten. Die Aggressivität ist auch dann eine ganz natürliche, instinktive Reaktion.

- Etwas, was draußen passiert, ist der Auslöser für eine aggressive Handlung der Katze. Sieht sie beispielsweise, wie ein fremder Kater durch ihr Revier streift, ist sie sehr angespannt. Streicheln Sie sie in genau diesem Moment, kann es gut sein, dass nun Sie einen Pfotenhieb mit ausgefahrenen Krallen abbekommen. Der Kater ist der Auslöser, aber er ist zu weit weg. Sie aber sind gerade da, haben die Signale der Katze nicht beachtet, und bekommen jetzt das ab, was der Kater eigentlich hätte abbekommen sollen. Das nennt man umgerichtete Aggression – übrigens auch ein ganz natürliches Verhalten.

Das Problem bei umgerichteter Aggression ist: passiert Ihnen dieser Fehler zu häufig, kann das Verhalten für die Katze ganz normal werden. Das heißt, sie bringt Sie ab sofort immer mit Anspannung und Negativem in Verbindung und haut jetzt jedesmal zu, wenn Sie ihr zu nahe kommen.

- Bei nicht-kastrierten Katzen kann es schneller zu aggressiven Handlungen kommen, wenn Kater sich im Wettbewerb gegen einen anderen Kater oder Menschen sehen. Auch Kätzinnen können das Gefühl haben, ständig um einen höheren Platz in der sozialen Hierarchie kämpfen zu müssen. Das kann bei mehreren Katzen im

Haushalt der Fall sein, aber auch dann, wenn sie die alleinige Katze im Haus ist.

- Das, was der Mensch mit ihr macht, ist der Katze sehr unangenehm – längst nicht jede Katze mag es, zum Beispiel, hochgehoben und herumgetragen zu werden oder an bestimmten Stellen gestreichelt zu werden. Dies zeigt sie dann durch abwehrendes Kratzen oder Beißen.
- Wenn es sich noch um ein sehr junges Kätzchen handelt, kann es sein, dass die vermeintliche Aggressivität nur das Ausleben des ganz natürlichen Spieltriebs ist.
- Die Katze hat noch kein Vertrauen zu Ihnen und wertet daher selbst freundliche Annäherungsversuche als Angriffe, die sie abwehren muss.
- Ihre Katze ist partout Einzelgängerin, muss aber mit einer weiteren oder mehreren Katzen im Haushalt klarkommen.

Lösungstipps

Manchmal kann man die Gründe für das aggressive Verhalten einer Katze nicht herausfinden, zum Beispiel, wenn Sie die Katze aus dem Tierheim geholt haben und man dort die Vorgeschichte nicht kannte. Oder, wenn Sie sie von Bekannten haben und die Ihnen vielleicht nicht die vollständige Geschichte erzählt haben, warum sie die Katze abgeben.

Egal, wie der Hintergrund ist: Sie sollten bei einer aggressiven Katze immer alle der folgenden Lösungstipps beherzigen:

1. Gehen Sie dieses Problem sofort an – jede Minute, die Sie abwarten, ob es nicht doch von selbst wieder besser wird, kann das Verhalten Ihrer Katze nur noch verstärken. Von selbst wird da nämlich nichts besser, das wächst sich nicht aus und geht auch nicht einfach so weg.
2. Achten Sie zunächst sehr genau auf die Signale Ihrer Katze. Lernen Sie gründlich, diese Signale zu lesen (siehe auch „Die Kommunikationssignale der Katze verstehen", Seite 31). Nehmen

Sie sich viel Zeit dafür, denn nicht jede Katze sendet immer die gleichen Signale aus. Bei manchen Katzen sind die zurückgelegten Ohren ein Zeichen dafür, dass ihnen etwas ganz und gar nicht gefällt. Andere Katzen legen ihre Ohren nur anderen Katzen gegenüber zurück, aber nicht dem Menschen gegenüber. Sie müssen also die Signale Ihrer Katze neu und sehr genau lesen lernen.

3. Beobachten Sie sehr genau, wann sich das aggressive Verhalten einstellt. Was tun Sie da gerade oder was haben Sie gerade getan? Welche Signale hat Ihnen die Katze direkt vor der aggressiven Handlung gegeben? Was passierte gerade in Ihrer Umgebung bzw. der Umgebung der Katze – ist da Lärm, sind dort viele Menschen oder wird die Katze anderweitig bedrängt oder gejagt? Befinden sich andere Tiere im Umfeld? Wie agieren diese mit der Katze – ignorieren sie sie, bedrohen, bedrängen oder jagen sie sie? Befinden sich neue Katzen oder andere Tiere im Sichtfeld der Katze?

Beobachten Sie das alles über einen langen Zeitraum, bis es Ihnen zur Gewohnheit wird, auch die kleinsten Signale der Katze aufzufangen.

Bedrängen Sie die Katze dabei aber nicht. Reden Sie auch nicht beruhigend auf sie ein. Jedes Rufen, jedes Locken kann für eine aggressive (erst recht für eine ängstlich-aggressive) Katze zusätzlichen Druck bedeuten und das Problem verschärfen.

Geben Sie ihr Zeit, sich wieder zu beruhigen. Das kann durchaus einen Tag oder sogar noch länger dauern. Das sollten Sie akzeptieren und das Tier so lange in Ruhe lassen. Achten Sie in dieser Zeit aber darauf, die Uhrzeiten fürs Fressen und für Spielangebote weiter einzuhalten – Regelmäßigkeit und Pünktlichkeit geben der Katze Halt.

4. Wird Ihre Katze aggressiv, gehen Sie sofort weg. Schlagen Sie sie nicht, schreien Sie sie nicht an, schimpfen Sie nicht mit ihr – drehen Sie sich einfach wortlos um und gehen Sie ruhig weg (siehe auch „Ignorieren und weggehen", Seite 53). Die aggressive Katze

erkennt das sehr schnell als Zeichen dafür, dass ihr Mensch das, was sie tut, sehr doof findet. Manchmal wird sie einfach dort sitzenbleiben, manchmal wird sie selbst in eine andere Richtung weggehen, manchmal wird sie Ihnen nach einem kurzen Moment hinterhergehen und Ihnen vielleicht sogar um die Beine streichen.

5. Wenn sie Ihnen friedlich folgt und entweder Köpfchen gibt oder um Ihre Beine streicht, ohne Ihnen den Weg abzuschneiden, dann seien Sie keinesfalls nachtragend oder schicken sie weg. Denn das Um-die-Beine-Streichen ist eine Art Friedensangebot der Katze. Es ist ein Signal, dass sie Sie verstanden hat und wieder friedlich ist – Katzen kennen das Konzept, nachtragend zu sein, nämlich nicht.

Streicheln Sie sie jetzt ein bisschen und tun Sie so, als sei vorher nichts gewesen. Reden Sie auch nicht auf sie ein (*Na, was sollte das denn eben? Du weißt doch, dass ich das doof finde. Kannst du nicht immer so süß sein wie jetzt gerade? ...*) – das verwirrt die Katze wieder, sowohl im Ton als auch in der Länge Ihrer Lautäußerung. Und womöglich gehen Sie so in Ihrer eigenen Ansprache auf, dass Sie die Signale der Katze wieder nicht (rechtzeitig) lesen, und zack! haben Sie ihre Krallen wieder abbekommen.

Doch auch dann wäre die richtige Reaktion wieder: nicht schreien, nicht schlagen, nicht schimpfen, sondern einfach ruhig umdrehen und weggehen.

Und so müssen Sie es von nun an immer tun. Es kann lange dauern, bis eine Katze ihre aggressiven Verhaltensweisen abgelegt hat, erst recht, wenn sie als Junges nicht ausreichend sozialisiert wurde, wenn sie immer nur schlechte Erfahrungen mit Menschen gemacht hat, oder wenn Sie nicht konsequent genug auf die Signale der Katze achten. Aber Sie werden sehen, dass allein das ruhige Umdrehen und Weggehen Ihre Katze sehr viel ruhiger und entspannter machen kann. Und damit sind Sie schon einen großen Schritt weiter.

6. Loben Sie Ihre Katze immer, wenn sie etwas richtig macht. Und mit immer meine ich IMMER. Jedes einzelne Mal. Zu Anfang können Sie sie auch mit Leckerli belohnen, um das positive Verhalten zu

verstärken, aber das kann schnell zu einer ungesunden Routine verkommen.

Legen Sie gerade bei einer aggressiven Katze besonders großen Wert auf konsequentes und sofortiges Loben. Das Timing hier ist sehr wichtig, denn es muss unbedingt sofort kommen, wenn sie etwas richtig macht. Nur so kann sie die Verbindung ziehen und lernt zu verstehen, dass ihr positives Verhalten weitaus schönere Konsequenzen für sie hat als das aggressive (siehe auch „Immer und immer wieder loben", Seite 55).

7. Überprüfen Sie einmal, wie viel Spielzeit Sie täglich mit Ihrer Katze verbringen. Bei vielen langt es nämlich zu nicht mehr als ein paar Streicheleinheiten auf dem Sofa, während der Fernseher läuft. Wenn man dann unversehens mit ausgefahrenen Krallen eine gewischt bekommt, ist es mit den Streicheleinheiten schnell vorbei.

Dabei benötigen aggressive Katzen, insbesondere Wohnungskatzen, auch wenn sie zu mehreren sind, mehrmals täglich intensive Spielzeiten. In der Natur sind sie den ganzen Tag ausgelastet, weil sie auf Gefahren achten, Futter jagen und ihr Revier sichern müssen. Kommen sie aber nie aus der Wohnung hinaus, benötigen sie zwei- bis dreimal täglich mindestens 10-20 Minuten ausgiebige Spielzeit, in der auch Sie sich ganz auf das Tier und das Spiel konzentrieren.

Sind es noch junge Katzen oder Katzenkinder, dann benötigen sie täglich etwa viermal eine solche Spielzeit.

Manche Katzen, wenn sie nicht auf diese Weise ihre natürlichen Spiel- und Jagdtriebe ausleben können, werden dann aggressiv, weil ihre Anspannung, die sich über den langweiligen Tag aufgebaut hat, sich nirgendwo anders entladen kann.

Auch Freigängerkatzen benötigen übrigens durchaus spielerische Zuwendung, wenn auch in der Regel nicht so viel wie Wohnungskatzen. Freigängerkatzen mit Katzenklappe benötigen außerdem weniger als Freigängerkatzen, die davon abhängig sind, dass Sie ihnen die Tür öffnen.

Wie viel Sie am Ende dauerhaft mit Ihrer Katze spielen sollten, ist zum einen abhängig vom Alter und Charakter der Katze, zum anderen abhängig von Grund und Ausprägung der Aggressivität der Katze. Auf keinen Fall dürfen Sie damit aufhören, wenn sich das aggressive Verhalten gelegt hat. Diese Spielzeiten müssen zu Ihrem täglichen Ritual werden.

Beachten Sie jedoch: es reicht nicht, den halben Spielzeugladen leerzukaufen und das ganze Zeug in der Wohnung verteilt hinzulegen und sich selbst anderweitig zu beschäftigen. Mit dem Spielzeug spielt die Katze ein paarmal, dann wird es langweilig, und Sie werden wieder zum Blitzableiter ihrer Aggressivität (siehe auch „So spielen Sie richtig mit Ihrer Katze", Seite 68).

8. Wenn Sie mit Ihrer Katze spielen, dann sollten Sie ihr niemals Ihre Finger, Hände, Füße, Haare, Beine oder andere Körperteile zum Spiel anbieten. Erst recht nicht bei einer aggressiven Katze, denn selbstverständlich wird sie Sie dann immer verletzen, da sie ihre Grenzen (noch) nicht kennt und Sie ihr (noch) keine setzen.

9. Manchmal wird auch bei aggressiven Katzen Katzenminze empfohlen, weil es sie in eine Art harmlosen Rausch versetzen und entspannen soll. Doch kann Katzenminze aggressive Katzen vorübergehend sogar noch aggressiver machen. Wenn Sie das Gefühl haben, ein mit Katzenminze getränktes Spielzeug, zum Beispiel, fördert in Ihrer Katze nur noch mehr Aggressivität zutage, dann geben Sie ihr das Spielzeug nie wieder.

10. Holen Sie niemals eine zweite Katze ins Haus, weil das vielleicht bei Freund_innen ja schon funktioniert hat oder weil Sie denken, dass sich das Verhalten der ersten dann schon irgendwie von selbst legt. Eine Zweitkatze ist nie die Lösung – sie kann sogar alles nur noch schlimmer machen (siehe auch „Unbedingt eine zweite Katze dazuholen", Seite 88).

Wie Sie vorgehen sollten, wenn Sie dennoch eine Zweitkatze aufnehmen möchten, können Sie im Kapitel „Eine neue Katze in den Haushalt integrieren" (Seite 209) nachlesen.

11. Ist eine Katze aggressiv und gibt es deshalb Kämpfe mit anderen Katzen in Ihrem Haushalt, dann sollten Sie die Kämpfenden sofort trennen. Gehen Sie dabei niemals mit Ihren blanken Händen dazwischen. Trennen Sie sie, indem Sie ein Kissen, ein Stück Karton oder ein Handtuch zwischen sie halten. Bringen Sie das angreifende Tier sofort in einen anderen Raum und schließen Sie für eine Weile die Tür, damit die beiden sich getrennt voneinander beruhigen können.

Lassen Sie beide Tiere in Ruhe – versuchen Sie nicht, sie zu beruhigen. Das schaffen die beiden schon von selbst, jedes für sich. Ihre Intervention würde sie nur noch mehr aufregen. Schimpfen Sie auch nicht mit ihnen, sondern gehen Sie einfach ruhig weg.

Übrigens täuschen sich die meisten Menschen in Bezug darauf, welche ihrer Katzen die aggressive ist – oftmals tippen sie auf diejenige, die laut fauchend die Krallen ausfährt. Dabei ist in sehr vielen Fällen genau sie diejenige, die bedroht wird und sich lediglich wehrt. Das ist kein aggressives Verhalten, sondern Abwehr und Überlebensinstinkt. Wenn Sie die Signale Ihrer Katzen lesen gelernt haben, werden Sie das mit der Zeit auseinanderhalten können (zu Katzen, die immerzu miteinander kämpfen siehe auch „Die Katze streitet sich ständig mit anderen", Seite 137).

12. Manchmal kann es sein, dass Katzen einfach nicht miteinander grün werden, egal, was man tut. Das liegt oft daran, dass mindestens eine von ihnen eine echte Einzelgängerin ist, wie es bei Katzen ja eher die Regel als die Ausnahme ist. Dann sollten Sie den Bedürfnissen der Einzelgängerin in jedem Fall folgen.

Wird man schließlich ihren Ansprüchen gerecht, das heißt, lässt man sie alleine und ohne andere Katzen im Haushalt leben, kann aus der vermeintlich aggressiven Katze – manchmal sogar innerhalb weniger Stunden – ein sehr entspanntes, freundliches Tier werden. Vielleicht wird sie nicht das erhoffte Kuschelmonster, aber jede Katze, deren Bedürfnisse geachtet werden, kann sich entspannen und bereitet sehr viel weniger oder sogar gar keine Probleme mehr.

Noch ein abschließendes Wort zu aggressiven Katzen: Um ihr Verhalten zum Positiven zu verändern, werden Sie möglicherweise einen langen Atem benötigen. Sie werden manche Rückschläge erleben und vielleicht auch weiterhin eine unerfreuliche Anzahl blutiger Kratzer davontragen. Aber glauben Sie mir: wenn Sie mit liebevoller Konsequenz und Geduld dabeibleiben, dann wird das Zusammenleben für Sie beide, Mensch und Katze, ein sehr viel angenehmeres.

Bitte bedenken Sie auch: wenn Sie die aggressive Katze weggeben, ohne die wahren Gründe dafür zu nennen, ist das den Menschen gegenüber, die sie aufnehmen, sehr unfair. Und für die Katze geht damit der Teufelskreis weiter, dessentwegen sie am Ende ins Tierheim abgeschoben oder ausgesetzt und dem Tod überlassen wird.

6.8
Die Katze beißt oder kratzt mich (plötzlich)

Hierbei handelt es sich um eine andere Form der Aggression, die geringer ausfällt, als die im Kapitel „Die Katze ist aggressiv" (Seite 121) besprochene. Sie tritt auch nicht ständig oder regelmäßig auf, sondern immer mal wieder. Aber es ist doch so häufig, dass Sie sich Gedanken darüber machen.

Das Problem

Sie haben ein liebevolles Verhältnis zu Ihrer Katze. Sie bieten ihr alles, was eine Katze zu einem artgerechten und guten Leben benötigt. Und doch kratzt oder beißt sie Sie urplötzlich, ohne dass Sie wissen, warum. In einem Moment schnurrt die Katze behaglich oder schaut einfach nur aus dem Fenster, und im nächsten Moment beißt sie zu und kratzt, als hätten Sie ihr etwas angetan.

Mögliche Gründe

In diesen Fällen ist das Beißen oder Kratzen ein Abwehrverhalten, das in der Regel einen der folgenden Gründe haben kann:

- Ihre Katze ist verletzt, und Ihre Berührung bereitet ihr Schmerzen. Auch wenn Sie äußerlich keine Verletzung feststellen, kann sie sich eine sehr schmerzhafte Prellung oder eine innerliche Verletzung zugezogen haben (lassen Sie sie daher bitte tierärztlich untersuchen!).
- Vielleicht haben Sie aber auch eine Stelle berührt, an der sie früher eine Verletzung hatte, die zwar heute vielleicht nicht mehr schmerzt, die aber schmerzhafte Erinnerungen in der Katze hervorruft und an der sie deshalb nicht berührt werden möchte.

- Sie haben nicht darauf geachtet, welche Signale die Katze Ihnen vor dem Beißen oder Kratzen gegeben hat.
- Ihr Streicheln ist der Katze in diesem Moment unangenehm. Vielleicht haben Sie sie zu lange an derselben Stelle gestreichelt, und aus Genuss ist wegen Überreizung gerade Schmerz geworden. Oder Sie haben ihr Fell auch gegen den Strich gestreichelt.
- Die Katze mag es grundsätzlich nicht, an bestimmten Stellen berührt zu werden. Die Berührung ist ihr unangenehm, vielleicht haben Sie auch noch ihre ablehnenden Signale missachtet, und die Katze kann sich schließlich nicht anders helfen, als Sie abzuwehren.
- Möglicherweise kennt Ihre Katze das Berühren oder Streicheln an diesen Stellen auch gar nicht, weil sie vielleicht wild aufgewachsen ist oder keine positiven Erfahrungen mit Menschen gemacht hat. Für sie ist dann eine Berührung an einigen Stellen wie ein Angriff, egal wie sanft Sie sie berühren.
- Ihre Katze beobachtet vor dem Fenster oder in der Wohnung etwas, das sie aufregt oder erschreckt, und sie leitet die Aufregung, Anspannung oder Aggression automatisch um auf das, was direkt neben ihr steht oder sitzt oder sie gerade berührt – in diesem Falle Sie.
- Ihre Berührung kommt überraschend für die Katze, vielleicht weil sie tief und fest geschlafen hat oder weil sie Sie nicht hat kommen hören, und sie geht sofort in den Angriff über, weil sie instinktiv annimmt, sich verteidigen zu müssen.

Lösungstipps

Eins vorab: sollten Sie den Eindruck haben, dass Ihre Katze vielleicht verletzt ist, lassen Sie sie bitte so schnell wie möglich tierärztlich untersuchen. Sind akute Verletzungen ausgeschlossen, haben Sie folgende Möglichkeiten:

1. Bestrafen Sie weder das Beißen noch das Kratzen (siehe auch „Schimpfen und bestrafen", Seite 80).

2. Drehen Sie sich ganz ruhig um und gehen weg. Das Weggehen signalisiert Ihrer Katze: *Ich finde dein Verhalten doof und will deshalb gerade nicht in deiner Nähe sein.* Damit Ihre Nachricht aber auch wirklich bei der Katze ankommt, müssen Sie sehr genau auf Ihr Timing achten. Gehen Sie sofort weg! Wenn Sie erst eine oder ein paar Sekunden zögern, dann kommt Ihre Reaktion zu spät und verwirrt die Katze womöglich, weil sie Ihre Reaktion nur auf das bezieht, was sie unmittelbar zuvor getan hat. Und in diesem Fall wäre das: nicht mehr zu kratzen und zu beißen. Sie versteht also möglicherweise: *Ich finde es doof, dass du aufgehört hast zu kratzen und zu beißen.* In den Augen der Katze ist damit das Kratzen und Beißen immer noch in Ordnung, aber das Aufhören eben nicht (siehe dazu auch „Ignorieren und weggehen", Seite 53).
3. Außerdem sollten Sie in den nächsten Monaten genau beobachten, wann Ihre Katze wie reagiert. Denn Katzen beißen und kratzen in der Regel nicht ohne Vorwarnung. In den allermeisten Fällen geben sie vorher deutliche Signale, die ihrem Umfeld zeigen sollen, dass sie angespannt sind. Diese Signale kommen auch früh genug, damit Sie rechtzeitig reagieren können. Häufig werden sie nur von den Menschen gar nicht bemerkt oder schlicht übersehen (siehe auch „Die Kommunikationssignale der Katze verstehen", Seite 31).

Wenn Sie ein solches Signal erkennen, respektieren Sie es umgehend. Das heißt, hören Sie sofort auf, die Katze zu berühren oder zu streicheln, beziehungsweise fangen Sie dann gar nicht erst damit an. Weichen Sie außerdem ein wenig zurück und geben Sie der Katze etwas mehr Freiraum.

Wenn Sie sehen, dass sich die Katze beruhigt hat, versuchen Sie, wenn Sie mögen, erneut eine Annäherung oder Berührung. Wenn die Katze aber wieder Warnsignale gibt, ziehen Sie sich sofort wieder zurück und lassen Sie die Katze jetzt erst einmal ganz in Ruhe.

4. Berühren Sie Ihre Katze nie überraschend und so, dass sie Ihre Hand vorher nicht sehen kann. Führen Sie Ihre Hand immer zuerst ins Blickfeld der Katze und streichen Sie ihr dann über den Kopf. Hat sie die Augen geschlossen, sprechen Sie sie zuerst leise an,

bevor Sie Ihre Hand zuerst ins Blickfeld der Katze führen und dann über ihren Kopf streichen (siehe auch „So streicheln Sie Ihre Katze richtig", Seite 74).

5. Berühren und streicheln Sie Ihre Katze grundsätzlich zuerst am Kopf. Vielleicht kennen Sie schon das „Köpfchen geben", eine Begrüßung befreundeter Katzen. Sie reiben ihre Köpfe kurz aneinander. Manche Katzen machen dies auch mit ihren Menschen. Wenn Sie den Kopf der Katze also mit den Händen berühren, ist eine ähnliche Geste für das Tier, dem Sie damit signalisieren: *Wir verstehen uns gut.* In der Regel lieben Katzen es, am Kopf gestreichelt zu werden. Dort sitzen die meisten Duftdrüsen, und durch Ihr Streicheln verteilen Sie den Duft großzügig über den ganzen Kopf und womöglich noch über den ganzen Körper. Für die Katze ist das eine Art Wohlfühlprogramm, denn für sie ist es ein sehr vertrauter Duft.

6. Wenn die Katze sich an bestimmten Stellen nicht berühren oder streicheln lassen möchte, dann sollten Sie dies der Katze auch nicht aufzwingen. Schon gar nicht sollten Sie sie festhalten und dann an der betreffenden Stelle berühren. Das bedeutet nicht nur großen Stress für das Tier, es würde auch das Abwehrverhalten der Katze nur verstärken und ihr Vertrauen in Sie beschädigen.

   In diesem Fall müssen Sie sehr behutsam vorgehen. Nähern Sie sich mit der Hand von vorne, sodass die Katze sie sehen kann. Streicheln Sie sie bis zu dem Punkt, an dem die Katze es noch zulässt. Und bewegen Sie sich dann im Lauf der nächsten Wochen und Monate millimeterweise vorwärts. Wirklich nur millimeterweise. Denn Katzen sind nicht dumm; sie riechen den Braten sofort, wenn Sie sich zu schnell vorwagen. Das werden Sie spätestens daran bemerken, dass sie wieder einen kräftigen Kratzer abbekommen.

   Wenn Ihre Katze es zulässt, dass Sie sie ein wenig weiter streicheln dürfen als sonst, loben Sie sie. Jedes einzelne Mal. Damit signalisieren Sie der Katze nicht nur, dass Sie Ihr nichts Schlimmes antun wollen und dass sie entspannt bleiben kann. Sie zeigen ihr auch, dass Sie es gut finden, dass die Katze nicht sofort zugeschlagen oder gebissen hat. Das kann einen großen Lerneffekt für die Katze haben.

7. Manche Katzen schnappen kurz zu, wenn Sie sie streicheln, und lecken dieselbe Stelle dann gleich hinterher. Da ist das Zuschnappen eine instinktive Reaktion, möglicherweise weil sie die Berührung nicht vorhergesehen hat oder weil sie gerade in etwas aggressiver Stimmung ist. Wenn sie dann aber erkennt, dass es ein freundliches Streicheln war, leckt sie die Hand, um zu zeigen: *War nicht böse gemeint!* Akzeptieren Sie diese „Entschuldigung" und lassen Sie die Katze (mindestens für einen Moment) in Ruhe.

8. Es gibt allerdings Katzen, die es ein Leben lang nicht zulassen, dass sie an bestimmten Stellen berührt werden. Das müssen Sie akzeptieren. Es gibt sogar Katzen, die Sie am Bauch nur dann berühren dürfen, wenn die Katze steht, aber nie, wenn sie liegt. Wenn sich das auch nach vielen Monaten Ihrer „Millimeterarbeit" noch nicht geändert hat, dann wird es sich möglicherweise nie ändern. Katzen sind sehr unterschiedlich, und jede hat andere Grenzen. Die müssen wir akzeptieren, wenn das Zusammenleben für beide ein positives sein soll.

9. Wenn Ihre Katze plötzlich eine Berührung an einer Stelle akzeptiert, die bislang tabu war, dann gehen Sie auch hier wieder in Minischritten vor: berühren Sie sie nur kurz dort und loben Sie sie sofort. Bei den nächsten Malen verlängern Sie den Zeitraum der Berührung jedesmal ein kleines bisschen. Vergessen Sie auch nach Monaten nicht, sie für jeden neuen Schritt immer wieder zu loben.

Es kann hier immer wieder Rückschritte geben. So kann es sein, dass Ihre Katze es endlich zugelassen hat, dass Sie sie am Bauch streicheln, und tagelang geht das gut, aber plötzlich schlägt sie wieder zu. In diesem Fall haben Sie sich möglicherweise nicht an die Minischritte gehalten und nur kurz gestreichelt, sondern einfach immer weiter gemacht. Vielleicht haben Sie auch die Signale der Katze nicht beachtet, die sie Ihnen gegeben hat, bevor sie zugeschlagen oder gebissen hat. In diesem Fall fangen Sie einfach wieder von vorne an.

Wenn die Katze sich seit Jahren auf eine bestimmte Weise verhält, wird sie das Verhalten nicht über Nacht ändern und ablegen können – haben Sie deshalb immer Geduld mit der Katze.

6.9
Die Katze streitet sich ständig mit anderen

Das Problem
In Ihrem Haushalt leben mehrere Katzen, und eine oder mehrere schreien und fauchen immerzu und prügeln sich mit anderen. Es herrscht selten oder nie richtig Frieden unter den Katzen.

Mögliche Gründe
- Sie haben mindestens eine Einzelgängerin in der Wohnung, für die das erzwungene Zusammenleben mit anderen eine Qual ist.
- Eine der Katzen zeigt ein sehr dominantes Verhalten, gegen das sich die andere zur Wehr setzt.
- Eine weitere Katze wurde neu in den Haushalt aufgenommen, ohne ihren Einzug katzengerecht zu gestalten.
- Sie haben mehrere Katzen von jemand anderem übernommen, und schon dort hat es immer Streitigkeiten gegeben.
- Die Hierarchie zwischen den Katzen hat sich verändert, zum Beispiel durch Krankheit, durch Veränderungen im Haushalt, durch einen Besuch bei der Tierärztin (das heißt, unnormale Abwesenheit einer Katze, und sie kehrt mit fremdem oder beängstigendem Geruch zurück, der abgewehrt werden muss) oder durch Erreichen der Geschlechtsreife.
- Die Katzen spiegeln das, was unter den Menschen in Ihrem Haushalt vor sich geht, häufig wider. Wenn es in Ihrem Haushalt viel Unruhe gibt, oder Spannungen und Streitigkeiten, dann färbt dies immer auch auf die Katzen ab.
- Das Umfeld der Katzen ist nicht artgerecht.
- Die Katzen langweilen sich.

Lösungstipps

1. Beobachten Sie Ihre Katzen und deren Interaktion genau. In der Regel ist die Katze, die am lautesten faucht und am stärksten kämpft, nicht diejenige, von der der Ärger ausgeht. Meistens ist sie diejenige, die von der anderen Katze bedroht oder bekämpft wird.

2. In den meisten Fällen beginnt der Kampf lange bevor Sie es wahrscheinlich mitbekommen haben. Achten Sie deshalb umso genauer auf Momente, in denen die Spannungen zwischen den Katzen steigen. Sie werden feststellen, dass einem Fauchen, Schreien oder einem Einsatz von Krallen und Zähnen ganz subtile Drohgebärden vorausgehen (siehe dazu auch „Die Kommunikationssignale der Katze verstehen", Seite 31). So kann es, zum Beispiel, sein, dass eine Katze der anderen den Weg versperrt – das passiert aber nicht wie bei uns Menschen, dass die eine der anderen in den Weg springt und sich da breit macht. Ein einziger Blick der dominanten Katze von irgendeinem strategischen Standpunkt aus kann für die andere Katze bedeuten: *Noch einen Schritt weiter und es gibt Ärger!*

3. Erinnern Sie sich genau: wie wurden die Katzen ursprünglich zusammengeführt? Denn, selbst wenn Ihnen alles am Anfang friedlich und harmonisch erschien, heißt das noch lange nicht, dass es wirklich friedlich und harmonisch ablief. Häufig wird es da schon Anzeichen gegeben haben, dass das Zusammenleben nicht automatisch gut gehen wird.

4. Trennen Sie die Katzen bei jedem Streit sofort. Aber schreien Sie sie nicht an, schimpfen Sie nicht, reden Sie nicht mit Ihnen, verängstigen Sie sie nicht. Bleiben Sie stattdessen ganz ruhig. Gehen Sie auf keinen Fall mit bloßen Händen dazwischen. Nehmen Sie ein Kissen, eine Decke, ein Stück Karton oder etwas Ähnliches, und halten Sie es zwischen die beiden, ohne eine von beiden damit zu bedrohen. Nehmen Sie dann die dominante Katze aus dem Zimmer, sodass beide die Möglichkeit haben, sich zu beruhigen und wieder zu entspannen.

5. Sie können entweder grundsätzlich entscheiden, eine Katze aus dem Haushalt zu nehmen und bei anderen Menschen unterzubringen. Wenn Sie sich aber von keiner Katze trennen möchten, dann sollten Sie versuchen, die Katzen ganz neu zusammenzuführen (siehe dazu auch „Eine neue Katze in den Haushalt integrieren", Seite 209). Wenn Sie damit keinen Erfolg haben, vielleicht, weil eine der Katzen eine absolute Einzelkatze ist, dann sollten Sie sich zum Wohle der bekämpften Katze von einer der beiden trennen (siehe dazu auch „Ich muss eine Katze weggeben – aber welche?", Seite 206).
6. Hat sich die Hierarchie unter den Katzen plötzlich verändert (vielleicht durch längere Abwesenheit einer Katze, durch deren am anderen Ort neu angenommenen Geruch oder Ähnliches), und gibt es deshalb plötzlich Streit und Kämpfe, dann sollten Sie die Katzen, wie im Kapitel „Eine neue Katze in den Haushalt integrieren" (Seite 209) beschrieben, neu zusammenführen. Denn schon der fremde Geruch kann für die Katze, die die ganze Zeit zu Hause geblieben ist, bedrohlich oder beängstigend wirken, weshalb sie selbst eine ihr schon seit Kindertagen bekannte Katze erst einmal abwehren wird. Und nicht immer löst sich diese Abwehr von selbst in Wohlgefallen auf.
7. Haben die Streitigkeiten begonnen, weil ein Kater oder eine Katze geschlechtsreif geworden ist, dann sollten Sie sie baldmöglichst kastrieren lassen. Sonst wird es diese Kämpfe weiterhin geben. Dies aber ist – gerade bei reiner Wohnungshaltung – für die unterlegene Katze oft eine Qual. Denn in der Natur würde sie sich ein neues Revier suchen oder ihre Revierzeiten ändern, um der anderen Katze nicht mehr in die Quere zu kommen. Das ist aber in einem kleinen Wohnungsrevier und bei dem geregelten Tagesablauf der Menschen schlicht nicht möglich. Das heißt, selbst die friedliebendste Katze wird permanent mit den Aggressionen der anderen konfrontiert – das ist (für beide Seiten) ein unzumutbarer Stress.
8. Haben die Kämpfe unter den Katzen ungefähr zu dem Zeitpunkt begonnen, zu dem in Ihrem Haushalt Spannungen unter den

Menschen aufkamen, dann zeigt das, dass die Katzen wahrscheinlich Ihr Verhalten widerspiegeln. Ihre Spannungen, Ihre Streitigkeiten, so subtil sie auch sein mögen, werden von den hochsensiblen Tieren schon sehr früh erspürt. Dass sie Ihren Streit sozusagen nachahmen, hat unter anderem damit zu tun, dass sie in einem für ihre Natur viel zu kleinen Revier leben. Dadurch können sie einer unangenehmen Situation wie Ihrem Streit nicht entfliehen. Wenn es aber in Ihrem Haushalt wieder friedlich geworden ist, wenn die Spannungen ausgeräumt wurden, dann entspannen sich häufig auch die Katzen wieder. Dennoch sollten Sie in jedem Fall die anderen Tipps mit beachten.

9. Gestalten Sie das Umfeld katzengerecht:
   a. Schaffen Sie Fluchtmöglichkeiten für Ihre Katzen. Eine Katzenklappe in den Garten wäre die beste Möglichkeit. Wer ihnen das nicht ermöglichen kann, sollte den Katzen sehr viele Liege- und Rückzugsplätze anbieten und sie auf unterschiedliche Zimmer verteilen, sodass sich die streitenden Katzen aus dem Weg gehen können.
   b. Haben Sie genügend Katzentoiletten (immer eine mehr als Katzen im Haushalt), damit es dort nicht zum Streit kommen kann. Stellen Sie jede Katzentoilette in einen anderen Raum.
   c. Füttern Sie die Katzen grundsätzlich aus unterschiedlichen Näpfen, nie alle aus demselben Napf.
10. Spielen Sie mit jeder Katze einzeln täglich mindestens zwei- bis dreimal für jeweils 10-20 Minuten. Ausgelastete Katzen kämpfen seltener miteinander als gelangweilte, unterforderte. Je mehr Katzen Sie haben, desto mehr Spielzeit müssen Sie täglich einplanen (siehe auch „So spielen Sie richtig mit Ihrer Katze", Seite 68).

6.10
Die Katze miaut andauernd

Das Problem

Es ist ein Problem, das vor allem bei Wohnungskatzen und häufig nachts auftaucht. Doch manchmal miauen auch Freigängerkatzen mehr als einem lieb ist. Es ist spät, Sie sind k. o. und gehen schlafen, um am nächsten Morgen fit zu sein, aber Ihre Katze gibt keine Ruhe. Sie läuft miauend durch die Wohnung oder sitzt miauend vor oder auf dem Bett. An Schlaf ist nicht mehr zu denken.

Es kann aber auch sein, dass Ihre Nachbarschaft genervt ist, weil Ihre Katze während Ihrer Abwesenheit den ganzen Tag lang miaut.

Bitte lassen Sie in jedem Fall zuerst tierärztlich abklären, ob kein gesundheitliches Problem vorliegt und ob die Medikamente der Katze richtig eingestellt sind.

Mögliche Gründe

- Die Katze ist rollig.
- Die Katze ist Freigängerin und streitet sich nachts mit einer anderen ums Revier.
- Die Katze ist Freigängerin, hat Beute erjagt und möchte sie Ihnen jetzt präsentieren oder lädt Sie mit ihrem Miauen ein, dabei zuzuschauen, wie man Beute richtig erlegt, damit Sie es mal lernen.
- Die Katze hat Hunger, und Sie haben ihr nicht genügend (Trocken-)Futter stehenlassen.
- Sie reden sehr viel mit Ihrer Katze. Sie haben der Katze bislang vielleicht sogar „geantwortet", wenn sie miaut hat, was die Katze darin bestärkt haben könnte, noch mehr zu miauen.

- Sie haben ihrer Katze durch ihr Verhalten beigebracht, dass sie nur miauen muss, um Aufmerksamkeit, Futter, Streicheleinheiten und Spielzeit zu bekommen. Da Katzen aber von Natur aus nachtaktive Tiere sind, hören sie nachts mit dem Miauen nicht automatisch auf, bloß weil Sie schlafen wollen.
- Die Katze kann nicht mehr gut oder gar nicht mehr sehen und findet sich nicht in der dunklen Wohnung zurecht oder hat Angst.
- Es gab im Leben der Katze eine große Veränderung: einen Todesfall, einen Umzug, einen neuen Menschen im Haushalt, ein vertrauter Mensch ist aus dem Haushalt weggezogen, oder irgendetwas bereitet ihr nun Stress, den sie nicht anders als übers Miauen mitteilen kann.
- Die Katze wird durch Geräusche oder fremde Gerüche geweckt oder erschreckt. Dann ist ihr Miauen ein Ausdruck ihrer Angst oder eine Meldung möglicher Gefahr. Doch kommt dies nicht notwendigerweise jeden Tag und jede Nacht vor.
- Die Katze hat Angst, lange allein zu sein – tagsüber sind Sie weg, nachts schlafen Sie zu tief, um auf Dinge zu reagieren, die der Katze vielleicht Angst machen oder sie erschrecken.
- Die Katze langweilt sich fürchterlich. Sie gehen vielleicht morgens gehetzt aus dem Haus und kommen abends erledigt zurück. Sie möchten sich dann gerne ausruhen, ein bisschen auf der Couch herumliegen und die Katze kraulen. Die aber hat einen todlangweiligen Tag verbracht, an dem nichts passiert ist. Sie hat viel geschlafen und ist jetzt hellwach.

Gehen Sie ins Bett, ohne der Katze vorher ausreichend Beschäftigung und Ablenkung verschafft zu haben, fordert sie Sie nachts durch ihr beständiges Miauen auf, mit ihr zu spielen und ihr so die dringend benötigte Abwechslung zu bieten.

Lösungstipps

1. Lassen Sie zunächst tierärztlich überprüfen, ob Ihre Katze gesund ist, ob ihre Medikamente richtig eingestellt sind und wie es um ihr Augenlicht bestellt ist.
2. Lassen Sie Ihre Katze mindestens vorübergehend kastrieren. Ist sie Freigängerin, sollten Sie sie auf jeden Fall kastrieren lassen. Eine Freigängerkatze nur aufgrund ihrer Rolligkeit wieder einzusperren, ist eine Qual für das Tier. Sie aber unkastriert nach draußen zu lassen, kann für das Tier ebenfalls zur Qual werden (siehe dazu auch „Katzen kastrieren lassen", Seite 98, und „Niemals aussetzen oder einschläfern lassen!", Seite 97).
3. Das Hereinbringen und Präsentieren von Beute werden Sie bei Freigängerkatzen nicht ändern können. Sie können höchstens Ihre Schlafzimmertür nachts schließen oder der Katze nachts nur einen reduzierten Teil der Wohnung zur Verfügung stellen, in dem Sie sie nicht hören. Sollte das nicht möglich sein, beobachten Sie die Reaktion Ihrer Katze auf Ihre Handlung: gibt sie Ruhe, wenn Sie schweigen, oder hört sie auf zu miauen, wenn Sie eine kurze Reaktion zeigen? Handeln Sie entsprechend. Je erwachsener Sie Ihre Katze anderweitig behandeln, desto seltener werden diese Störungen.
4. Stellen Sie Ihrer Katze grundsätzlich ganztägig Trockenfutter und Wasser zur Verfügung. Katzen fressen in der Natur nicht genau zweimal am Tag, sondern erjagen sich immer wieder mal eine kleine Mahlzeit. Deshalb sollte man ihnen immer etwas zur Selbstbedienung da lassen. Solange in dem Futter kein Zucker und keine sonstigen Dick- und Krankmacher enthalten sind, wird Ihre Katze dadurch auch nicht zunehmen (das tut sie in der Regel nur durch Füttern am Esstisch, durch zu viele Leckerli und zu wenig Bewegung).
5. Reagieren Sie nicht auf das permanente Miauen (es sei denn, Sie haben den Verdacht, dass es brennt und sie deshalb miaut). Und bleiben Sie damit absolut konsequent. Antworten Sie ihr nicht, schimpfen Sie nicht mit ihr, streicheln Sie sie nicht, stopfen Sie sie nicht mit Leckerli voll. Machen Sie nur das, was Sie gerade tun,

oder drehen Sie sich um und gehen Sie weg (siehe auch Kapitel „Ignorieren und weggehen", Seite 53). Denn, wenn Katzen es erst einmal gelernt haben, dass sie mit Miauen Ihre Aufmerksamkeit bekommen, werden sie das nie vergessen. Wenn Sie dann vielleicht 1.000-mal nicht reagieren, aber beim 1.001. Mal doch wieder, können Sie gleich wieder von vorne anfangen. Denn die Katze merkt sich nicht, dass Sie 1.000 Male nicht reagiert haben. Sie merkt sich: *Aha, nach 1.001 Mal reagiert mein Mensch wieder!*

6. Spielen Sie regelmäßig und ausgiebig mit Ihrer Katze, vor allem, wenn es sich um eine Wohnungskatze handelt. Planen Sie mindestens zwei bis drei feste, tägliche Spielzeiten ein, die Sie grundsätzlich einhalten. Hat die Katze gelernt, dass Sie vor der Arbeit 10-20 Minuten mit ihr spielen, dann kann sie es halbwegs aushalten, ein paar Stunden allein zu sein. Nachmittags und abends sollten Sie mindestens zwei weitere Spieleinheiten festlegen. So bekommt Ihre Katze ein bisschen Abwechslung von der Langeweile, sie wird in ihrer Angst oder Trauer aufgefangen, und Sie können sie „müde spielen", sodass sie Sie nachts in Ruhe schlafen lässt (siehe auch „So spielen Sie richtig mit Ihrer Katze", Seite 68).

7. Horchen Sie mit Hilfe eines Aufnahmegeräts oder einer entsprechenden Smartphone-App auf komische Geräusche in der Nacht – vielleicht ist eins Ihrer Geräte (wie Kühlschrank oder Heizung) nachts sehr viel lauter als tagsüber, springt unerwartet an oder klappert und erschreckt Ihre Katze. Wenn es irgendwie möglich ist, sorgen Sie dafür, dass diese Geräusche nicht mehr vorkommen oder schließen Sie den betreffenden Raum während der Nacht.

8. Lassen Sie nicht alle Fenster der Wohnung über Nacht offen, sondern höchstens Ihr Schlafzimmerfenster, damit die fremden Gerüche und Geräusche von draußen die Katze nicht erschrecken können. Sichern Sie dieses Fenster aber unbedingt, damit Ihre Katze sich nicht bei einem möglichen Versuch, nach draußen zu gelangen, verletzen kann (siehe auch „Vorausschauend handeln", Seite 58).

9. Hat das Miauen seinen Grund darin, dass die Katze nachts nicht mehr gut oder gar nichts mehr sieht, helfen Sie ihr, indem Sie für den ersteren Fall (sie sieht nicht mehr gut) in der Wohnung ein Licht (Nachtlicht) oder mehrere brennen lassen. Sieht die Katze gar nichts mehr, können Sie ihr helfen, indem Sie sie mit der Stimme zu sich locken, damit sie sich sicher und nicht mehr alleine fühlt. Blinde Katzen können hervorragend klarkommen, selbst als Freigängerinnen. Sie benötigen dann keine Leine, kein Herumtragen oder Ähnliches. Denn sie können sich sehr gut selbst durch eine Wohnung (oder einen Garten) hindurchnavigieren. Geben Sie ihr dafür nur ein paar wenige Hilfen durch Rufen, halten Sie es aus, wenn sie einmal irgendwo gegenstößt, räumen Sie nichts in der Wohnung um (oder wenn, dann nur sehr langsam) und lassen Sie vor allem der Katze ihre Selbstständigkeit.

6.11
Die Katze zeigt zwanghafte Verhaltensweisen

Das Problem

Es gibt Katzen, die immer wieder ihren eigenen Schwanz fangen oder sich an ganz bestimmten Stellen so lange lecken, bis die Haare ausfallen und sie wund sind. Auch andere Verhaltensweisen können, wenn sie zwanghaft werden, die Katze stark belasten und ihr langfristig Schaden zufügen. Sie steht dauerhaft unter Druck, und dieser Stress ist körperlich und seelisch für das Tier kaum auszuhalten.

Sie sollten die Katze in diesem Fall unbedingt zuerst tierärztlich untersuchen lassen.

Mögliche Gründe

Das Schwanzfangen und Wundlecken ist ein extremes Verhalten, das bei Wohnungskatzen zu beobachten ist. Es kann zum einen die Folge von Parasitenbefall oder einer Wunde sein. Handelt es sich um eine Wunde, kann das Lecken aber auch fälschlich als zwanghaftes Verhalten interpretiert werden – häufig ist es nur Teil des normalen Wundheilungsprozesses der Katze, wenn sie die Wunde wieder und wieder sauber leckt. Lassen Sie sie also unbedingt zuerst tierärztlich untersuchen und Krankheiten und Wunden ausschließen oder fachgerecht behandeln.

Häufig ist zwanghaftes Verhalten aber auf schlimme Erlebnisse und schlechte Haltung zurückzuführen. Diese schlechte Haltung muss gar keine verwahrloste Haltung zwischen Müllbergen sein. Es genügt schon, dass Menschen Ihrer Katze ein unpassendes Umfeld bieten und sich nicht oder nicht genügend mit ihr beschäftigen oder dass die Katze extrem gestresst ist. Oder sie langweilt sich zu Tode und hat sich deshalb solche selbstzerstörerische Verhaltensweisen angewöhnt. Sie kennen Ähnliches vielleicht aus Zoos oder Pferdeställen, wo die Tiere sich im Kreis drehen, im Stehen immer von einer Seite zur anderen schwanken („weben"), die Holztüren ihres Verschlags abknabbern usw.

Doch selbst wenn Sie gar nicht wissen, was im Vorleben der Katze dieses zwanghafte Verhalten ausgelöst haben mag – Katzen sind sehr lernbegierig und immer in der Lage und willens, ihr Verhalten anzupassen. Sie möchten gerne alles richtig machen und versuchen immer, Ihnen zu gefallen. Deshalb haben Sie gute Chancen, mit viel Geduld und liebevoller Konsequenz, das zwanghafte Verhalten der Katze zu verringern oder sogar ganz zu beenden.

Lösungstipps

1. Jedesmal, wenn Sie mitbekommen, dass sich Ihre Katze wieder zwanghaft verhält, sollten Sie sie sofort durch eine Spielaufforderung ablenken. Anfangs, oder wenn sie auf die Spielaufforderung nicht reagiert, können Sie sie auch mit Leckerli locken. Achten Sie hierbei nur darauf, dass Sie ihr die Leckerli erst dann geben, wenn sie mit dem zwanghaften Verhalten aufgehört hat und zu Ihnen geschaut oder gekommen ist). Dies allein wird aber nicht genügen.
2. Spielen Sie ab sofort auch regelmäßig mit ihr. Zu Beginn sollte das täglich drei- bis viermal für 10 bis 20 Minuten zu festgelegten Zeiten stattfinden. Mit der Zeit können Sie es auf zwei- bis dreimal täglich reduzieren, wenn Sie merken, dass das zwanghafte Verhalten aufgehört hat. Mehr Tipps dazu siehe „So spielen Sie richtig mit Ihrer Katze" (Seite 68).
3. Gestalten Sie das Lebensumfeld der Katze artgerecht: bieten Sie ihr genügend Schlaf- und Ruheplätze an. Sie sollte mehrere Sitzplätze mit Aussicht haben um die Außengrenzen ihres Wohnungsreviers im Blick haben zu können (auf Fensterbänken sollte also immer Raum frei für die Katze sein). Wenn irgendwie möglich, sollten mehrere Sitzplätze höher liegen, mindestens Fensterbankhöhe oder

höher (zum Beispiel durch Bretter an der Wand). Haben Sie immer genügend Kratzbäume oder -bretter in der Wohnung (Tipps dazu siehe „Die Katze zerkratzt Möbel und Tapeten", Seite 116). Haben Sie grundsätzlich genügend Toiletten (immer eine Toilette mehr als Katzen im Haus) und säubern Sie alle mindestens zweimal pro Tag (Tipps dazu siehe „Die Katze ist unsauber", Seite 100).

4. Beachten Sie darüber hinaus sämtliche „Verhaltenstipps für den Umgang mit Katzen" (Seite 53).
5. Sorgen Sie für eine stressfreie und ruhige Umgebung – insbesondere sollte die Katze einen wirklich ruhigen Schlaf- und Liegeplatz haben, an den sie sich zurückziehen kann, wenn es bei Ihnen laut wird.
6. Holen Sie auf gar keinen Fall einfach eine zweite Katze ins Haus. Das kann das (selbst-) zerstörerische Verhalten sogar noch verstärken. Eine zweite Katze kann höchstens nach erfolgreicher und dauerhafter Beendigung des zwanghaften Verhaltens hinzukommen – und dann aber auch nur sehr, sehr vorsichtig (siehe dazu auch „Eine neue Katze in den Haushalt integrieren", Seite 209). Denn selbst wenn das Verhalten für immer verschwunden zu sein scheint, kann es in Stresssituationen mit der neuen Katze oder aufgrund anderer Faktoren jederzeit wiederkommen. Bitte beachten Sie dabei auch: eine Zweitkatze ist nie die Lösung für Probleme mit der Erstkatze!

6.12
Die Katze lässt sich nicht streicheln

Das Problem

Ihre Katze lässt sich grundsätzlich oder an bestimmten Stellen nicht streicheln. Nähert sich Ihre Hand, zeigt die Katze ihr ganzes Repertoire von Abwehr- und Warnsignalen, bis sie schließlich mit einer Pfote zuschlägt oder beißt.

Mögliche Gründe

- Die Katze ist wild aufgewachsen, wurde zu früh von ihrer Mutter entfernt oder hatte in ihrer prägenden Phase keinerlei Menschenkontakt. Sie kennt das Streicheln nicht als etwas Entspannendes, sondern wittert dahinter eine Bedrohung.
- Die Katze hat irgendwann schlechte Erfahrungen mit dem Streicheln gemacht oder während des Streichelns etwas Schlechtes erlebt.
- Die Katze hat eine Verletzung, die das Streicheln für sie insgesamt oder an einer bestimmten Stelle schmerzhaft macht (lassen Sie sie deshalb immer auch tierärztlich untersuchen!).
- Die Katze hat früher eine schmerzhafte Erfahrung gemacht, die ihr das Streicheln insgesamt, an einer bestimmten Stelle oder in einer bestimmten Position verleidet oder zur Tortur gemacht hat. So kann es, zum Beispiel, sein, dass eine Katze sich im Stehen am Bauch streicheln lässt, aber nicht, wenn sie liegt. Denn im Stehen kann sie schnell wegrennen, wenn es ihr zu viel wird. Wenn sie aber auf der Seite oder auf dem Rücken liegt, wäre sie Ihnen eher ausgeliefert.
- Sie übersehen die Warnsignale der Katze.
- Ihr Streicheln überreizt die Katze und wird für sie schmerzhaft.

- Vielleicht mag es die Katze auch einfach nicht, grundsätzlich oder an dieser Stelle gestreichelt zu werden. Jede Katze ist anders – während eine Katze etwas wahnsinnig schön findet, kann eine andere Katze es absolut ablehnen.

Lösungstipps

Grundsätzlich kann und sollte man eine Katze nicht dazu zwingen, etwas auszuhalten, das sie nicht aushalten will. Das geht immer schief und ist für die Katze eine unnötige Qual.

Doch kann es wichtige Gründe geben, ihr ein gewisses Maß an Berührungsakzeptanz anzutrainieren: wenn sie verletzt oder krank ist, muss mindestens die Tierärztin sie berühren können, ohne gleich völlig zerkratzt oder gebissen zu werden und ohne, dass sie die Katze in Vollnarkose legen muss, nur um sie kurz am Bauch untersuchen zu können.

Wenn die Katze sich gar nicht berühren lässt

1. Gewöhnen Sie Ihre Katze in ganz kleinen Schritten an Ihre Anwesenheit und Ihre Berührungen. Wenn sie Leckerli von Ihnen annimmt, dann verbinden Sie das Leckerligeben ab sofort mit einer ganz kurzen, sanften Berührung am Kopf. Führen Sie dazu Ihre Hand zuerst vor die Augen der Katze und dann aufwärts über ihren Kopf oder seitwärts am Maul und an den Wangen vorbei, damit die Katze sich nicht erschrickt, wenn die Berührung kommt. Auf diese Weise knüpft sie eine positive Verbindung: *Leckerli + kurzes Streicheln = kann ich akzeptieren*.
2. Arbeiten Sie sich Zentimeter für Zentimeter mit den Berührungen vor – achten Sie jedoch darauf, dies nicht zu schnell zu tun. Wenn sie sich heute am Kopf streicheln lässt, wird sie sich nicht automatisch morgen schon den Bauch kraulen lassen. Je nach Vorgeschichte und Gemüt der Katze kann das kann viele Wochen oder Monate dauern.

3. Nimmt sie keine Leckerli aus Ihrer Hand an, dann beginnen Sie damit, sich mit großem Abstand in ihre Sichtweite zu setzen, während sie ihr Futter frisst. Schauen Sie sie dabei nicht an, reden Sie nicht mit ihr, seien Sie einfach nur dabei. In den nächsten Wochen rücken Sie dann zentimeterweise näher an sie heran. Das wird ihr am Anfang möglicherweise nicht gefallen, aber sie wird lernen, dass von Ihnen in dem Moment, in dem Sie dort ruhig sitzen, keine Gefahr ausgeht.

Jede Katze hat allerdings eine Komfortdistanz, also einen akzeptablen Mindestabstand, den andere (auch Menschen) einhalten müssen. Wenn Sie merken, dass die Katze mit dem aktuellen Abstand unentspannt ist, dann vergrößern Sie die Distanz wieder und versuchen, beim nächsten Mal von dort aus wieder etwas näher zu kommen. Haben Sie viel Geduld – es kann viele Wochen oder Monate dauern, bis eine Katze Ihre Nähe zulässt.

4. Wenn sie es irgendwann akzeptiert, dass Sie direkt neben ihr sitzen, während sie frisst, dann gehen Sie, wie zu Beginn beschrieben, in ganz winzigen Schritten vor, um sie langsam an Berührungen und Streicheleinheiten zu gewöhnen.

Wenn die Katze an einer bestimmten Stelle nicht berührt werden möchte

Respektieren Sie dies zunächst einmal ganz grundsätzlich. Sie können aber versuchen, wie oben beschrieben, in ganz kleinen Schritten, konsequent und mit viel Geduld, die Barrieren zu überwinden. Dabei sollten Sie immer darauf achten, welche Signale ihre Katze ihnen sendet – zeigt sie ihren Unmut, sollten Sie sofort aufhören, um Ihr gutes Verhältnis nicht nachhaltig zu beeinträchtigen. Ziehen Sie sich ein paar Zentimeter zurück, um ihr zu signalisieren, dass Sie ihr nichts Böses wollen.

Wenn sie nach vielen Monaten immer noch bestimmte Berührungen ablehnt, dann ist das eben so. Nicht jede Katze möchte Spielzeug und Kuscheltier sein – manche möchten einfach nur Katze sein.

6.13

Die Katze steht mir dauernd im Weg oder springt mir in den Weg

Das Problem

Mit Katzen im Haushalt muss man vorsichtig beim Gehen sein, denn sie gehen auf so leisen Pfoten, dass man sie oft nicht bemerkt, wenn sie neben einem sitzen, und ohne Absicht tritt man sie dann, wenn man sich umdreht. Doch darüber hinaus läuft Ihnen Ihre Katze immer zwischen die Füße, wenn Sie irgendwohin gehen wollen. Und/oder sie sitzt hinter einem Möbelstück oder neben dem Türrahmen und springt Ihnen genau vor die Füße, wenn Sie an ihr vorbeigehen wollen.

Mögliche Gründe

- Ihre Katze ist unsicher und versucht mit diesem Verhalten sicherzustellen, dass Sie nicht weggehen, denn Sie bieten ihr Sicherheit.
- Ihre Katze hat große Langeweile und fordert Sie damit zum Spiel auf, imitiert selbst eine Jagd (auf Ihre Füße) oder sie erhofft sich durch sie ein wenig Abwechslung.
- Läuft sie Ihnen beim Essenmachen zwischen die Füße, dann hat sie Hunger oder Appetit und hätte gerne etwas ab. Oder Sie haben in der Vergangenheit beim Essenmachen etwas für die Katze fallengelassen oder ihr zugesteckt. Deshalb bleibt sie Ihnen so nah wie nur möglich.
- Wenn die Katze zwischen Ihren Beinen mitläuft, wenn Sie ihr gerade das Fressen hinstellen wollen, dann kann das zweierlei Gründe haben: sie fühlt sich als Katzenbaby oder hat so viel Konkurrenz (entweder aktuell oder früher erlebt), dass sie möglichst nah bei

Ihnen bleiben will, um auf jeden Fall etwas vom Fressen abzubekommen. Denn wer zuerst am Napf ist, bekommt ganz sicher etwas ab.

Lösungstipps

1. Füttern Sie Ihre Katze ausschließlich zu festgelegten Zeiten. Auch Leckerli sollten Sie ihr nie einfach so zwischendurch geben, sondern immer nur anlassbezogen, zum Beispiel, wenn Sie mit ihr arbeiten und sie etwas gut gemacht hat. Stecken Sie der Katze nie etwas vom Esstisch oder beim Kochen zu. Sitzt sie Ihnen im Weg, siehe Punkt 2. Miaut sie, ignorieren Sie sie konsequent und gehen Sie einfach an ihr vorbei, ohne sie zu berühren oder zu beachten.

2. Läuft Ihnen die Katze beim Gehen zwischen die Beine, dann sollten Sie sie ganz vorsichtig mit einem Bein aus dem Weg schieben. Bleibt sie dort nur für einen Augenblick stehen, loben Sie sie sofort, noch bevor Sie das Bein wieder zu sich ziehen und weitergehen. Wiederholen Sie das Ganze jedesmal, wenn sie Ihnen wieder zwischen die Beine läuft. Sie sollten dies auf jeden Fall tun, denn sonst laufen Sie Gefahr, Ihre Katze eines Tages ernsthaft zu verletzen, wenn Sie sie nicht bemerken. Schreien Sie sie nicht an, schubsen Sie sie nicht, treten Sie sie nicht – all das macht ihr nur Angst und verstärkt problematisches Verhalten. Seien Sie vorsichtig und sanft.

3. Springt die Katze hinter dem Türrahmen oder einem Möbelstück in genau dem Moment hervor, wenn Sie vorbeigehen wollen, und bringt Sie sie damit zum Stolpern, dann gibt es einen guten Trick. Die Katze hockt meist, bereit zum Sprung, an dieser Stelle und schaut auf ihrer eigenen Augenhöhe nach vorn, um Sie rechtzeitig zu erwischen. Sie sollten, wenn Sie den Verdacht haben, die Katze könnte gleich wieder irgendwo hervorspringen, kurz vorher stehenbleiben und, wenn es geht, von oben nachschauen, ob sie dort wirklich sitzt. Dann lassen Sie einen Ball oder ähnliches Spielzeug über den Fußboden rollen. Die Katze wird sofort abgelenkt und läuft dem Ball hinterher, anstatt Ihnen zwischen die

Beine zu springen. Variieren Sie das Spielzeug, das Sie werfen, damit die Katze sich nicht daran gewöhnt und es bald langweilig findet und übersieht. Haben Sie an allen in Frage kommenden Stellen dafür strategisch Bälle, Walnüsse, Sisalmäuse und anderes parat liegen.

4. Spielen Sie konsequent täglich dreimal jeweils 10-20 Minuten mit Ihrer Katze, um sie auszulasten. Sorgen Sie dafür, dass sie sehr viel Bewegung bekommt und sich auspowert. Das entspannt das Tier und nimmt ihm die Langeweile, die insbesondere Wohnungskatzen meistens haben. Siehe dazu auch „So spielen Sie richtig mit Ihrer Katze" (Seite 68).

6.14
Die Katze spielt nicht

Das Problem

Normalerweise springen Katzen sehr schnell auf ein gutes Spielangebot an. Doch gibt es auch andere Fälle: Katzen, die grundsätzlich kein Interesse daran haben, zu spielen, die grundsätzlich nicht mit Menschen spielen, oder die mit einem ganz bestimmten Menschen nicht spielen wollen.

Mögliche Gründe

- Katzen sind sehr wählerisch, was ihre Lieblingsmenschen angeht. Von manchen halten sie sich instinktiv fern, anderen springen sie sofort auf den Schoß, selbst wenn diese Katzen gar nicht ausstehen können. Genau so spielen sie auch nicht mit allen Menschen gleich gern.
- Ihre Art zum Spiel aufzufordern oder zu spielen erzeugt bei der Katze zu viel Druck und Stress; sie zieht sich lieber zurück.
- Das Spielzeug, das der Katze zur Verfügung steht, langweilt sie oder ist ungeeignet.
- Sie hat Angst vor anderen Katzen in der Wohnung.
- Ihre Katze ist schon alt und hat kein Bedürfnis mehr, zu spielen.
- Ihre Katze hatte in ihrer prägenden Phase keinen positiven und spielerischen Kontakt zu Menschen, sodass sie es nie gelernt hat, dass man mit Menschen auch sehr schön spielen kann.
- Ihre Katze ist krank und hat keine Lust oder keine Kraft zu spielen.

Lösungstipps

1. Lassen Sie Ihre Katze in jedem Fall zuerst tierärztlich untersuchen und die Einstellung ihrer Medikamente überprüfen.
2. Alte Katzen brauchen nicht so viel Bewegung und Abwechslung wie junge Katzen. Sie ziehen sich lieber zurück und halten ein Nickerchen oder lassen sich ausgiebig streicheln. Wenn das bei Ihnen so ist, dann akzeptieren Sie es – eine alte Katze zum Spielen zu zwingen, erzeugt nur unnötigen Stress für das Tier.

   Nehmen Sie aber nie an, dass eine Katze bloß aufgrund ihres Alters nicht spielen möchte. Manche alten Katzen sind verrückt nach Spiel und langweilen sich womöglich ganz furchtbar, wenn Sie sie mit Spielaufforderungen verschonen.
3. Befinden sich andere Katzen in der Wohnung, probieren Sie einmal, die Katze, die nicht spielt, in einem separaten Raum zum Spielen zu locken. Wenn sie weiß, dass die anderen Katzen nicht einfach hineinkommen und sie bedrohen oder angreifen können, dann ist sie vielleicht eher entspannt genug, um zu spielen. Wenn es nicht beim ersten Mal klappt, versuchen Sie es einige Male, aber immer ohne Druck und stattdessen mit viel Lob und ein paar Leckerli.

   Allerdings sollten Sie dann auch unbedingt Ihre Wohnsituation mit den Katzen grundsätzlich prüfen, denn es sollte nicht sein, dass eine Katze immer in Angst vor den anderen Katzen lebt. Versuchen Sie, wenn noch weitere Streitigkeiten unter den Katzen hinzukommen, die ängstliche Katze neu in den Haushalt zu integrieren (siehe dazu auch „Die Katze streitet sich ständig mit anderen", Seite 137, und „Eine neue Katze in den Haushalt integrieren", Seite 209). Sie müssten sich eventuell überlegen, die dominante oder die unterlegene Katze abzugeben (siehe „Ich muss eine Katze weggeben – aber welche?", Seite 206).
4. Häufig ist das Spielzeug, das einer Katze zur Verfügung steht, etwas, das man im Supermarkt oder im Tierfachhandel gesehen und für chic befunden hat. Sehr oft ist es aber schnell kaputt oder verliert seinen Reiz, egal wie teuer es war. Denn Katzen sind sehr kluge Tiere – wenn sie herausgefunden haben, wie beispielsweise

ein Leckerli-Suchbrett funktioniert, dann gehen manche nur noch dann dran, wenn sie absolut nichts anderes zu fressen bekommen oder grässliche Langeweile haben.

Achten Sie darauf, das Spielzeug für die Katze interessant zu machen, das heißt, es sollte nicht immer alles in der Wohnung bereitliegen, sondern Sie sollten das Spielzeug immer alle paar Tage wechseln und austauschen.

Es genügt auch nicht, es der Katze einfach nur hinzulegen. Meist wird Spielzeug für eine Katze erst dann interessant, wenn Sie mit ihr zusammen damit spielen. (Siehe auch „So spielen Sie richtig mit Ihrer Katze", Seite 68)

5. Wer versucht, eine unlustige Katze zum Spielen aufzufordern, verliert leicht die Geduld. Der Ton, in dem man sie auffordert, verändert sich, man wird ungeduldig und klingt genervter. Auch wenn Sie das meist nicht bemerken, hört die Katze den Unterschied sehr gut. Dieser Unterschied macht einer Katze, die nicht spielen möchte, dann so viel Druck und stresst sie so, dass sie sich erst recht zurückzieht.

Bleiben Sie deshalb ruhig und geduldig. Locken Sie die Katze, aber bedrängen Sie sie nicht. Versuchen Sie es ein paarmal, und wenn Sie keinen Erfolg haben, ziehen Sie sich zurück. Versuchen Sie es dann eine Zeitlang später noch einmal, diesmal vielleicht mit anderem Spielzeug oder sogar Leckerli. Machen Sie dies täglich und zu festen Zeiten, die Sie regelmäßig einhalten können, sodass die Katze sich daran gewöhnen kann, dass um diese Uhrzeit Spielzeit ist.

Aber wenn Sie nach Wochen immer noch keinen Erfolg haben, dann akzeptieren Sie es. Denn, wenn eine Katze nicht (mit Ihnen) spielen will, dann kann und sollte man sie auch nicht dazu zwingen.

6. Wenn Ihre Katze ganz speziell mit Ihnen oder jemandem in Ihrem Haushalt nicht spielen will, mit anderen aber schon, dann lesen Sie bitte das Kapitel „Die Katze mag meine_n Partner_in nicht" (Seite 158).

6.15
Die Katze mag meine_n Partner_in nicht

Das Problem

Die Katze hat eine Abneigung gegen einen Menschen, vielleicht Ihre_n Partner_in oder sogar Sie selbst. Sie geht diesem Menschen aus dem Weg, lässt sich von ihm nicht berühren, spielt nicht mit ihm und ignoriert ihn weitgehend.

Ansich ist dies ein recht normales Verhalten, denn Katzen suchen sich ihre Menschen sehr genau aus. Manche mögen sie, andere nicht, und denen gehen sie eben aus dem Weg – sehr ähnlich halten sie es in der Natur mit anderen Katzen.

Zum Problem wird es dann, wenn die Hauptbezugsperson der Katze krank wird oder eine Zeitlang fort ist, und die weniger beliebte Person sich um die Katze kümmert. Das kann für beide eine ziemlich stressige Zeit werden.

Wenn eine Katze aber sogar Angst vor dieser Person hat, dann ist besondere Aufmerksamkeit geboten.

Mögliche Gründe

- Katzen sind sehr wählerisch in Bezug auf ihre Lieblingspersonen. Und manche Menschen liegen ihnen einfach weniger als andere. Das ist ganz normal und kein Grund zur Sorge (es geht Ihnen ja mit anderer Leute Katzen oder Hunde, aber auch mit Menschen nicht viel anders).

  Ein Grund zur Sorge ist es nur dann, wenn die Katze diesen einen Menschen nicht nur nicht so gerne hat, sondern rundweg Angst vor ihm hat. Die kann viele Gründe haben, für die nicht automatisch der betreffende Mensch verantwortlich ist.

- Der betreffende Mensch hat für die Katze unangenehme oder beängstigende Verhaltensweisen, ist vielleicht sehr laut, trampelig, poltert herum, macht Stress. Es können aber auch bestimmte Gerüche an diesem Menschen für die Katze unangehm oder unerträglich sein.
- Die Katze hat früher, bevor sie zu Ihnen kam, etwas erlebt, das sie vor diesem Menschen zurückschrecken lässt, weil er sie daran erinnert. Das kann durch die Stimme sein, durch das Aussehen, den Gesichtsausdruck, die Größe, die Lautstärke, aber auch durch typische Bewegungen, durch schnelle Bewegungen oder polterndes, ungeschicktes Verhalten, das viele Katzen grundsätzlich erschreckt. Katzen mit wenig positiver Vorgeschichte oft noch mehr.

Lösungstipps

1. Wenn Ihre Katze einfach nur keine große Zuneigung zu einem Menschen in Ihrem Haushalt hegt, Sie aber für längere Zeit weg müssen (zum Beispiel auf Dienstreise, ins Krankenhaus oder zur Reha) und diese Person sich dann um die Katze kümmern soll, dann ist es wichtig, dass sich die beiden frühzeitig ein bisschen mehr miteinander vertraut machen. Häufig ist es ja so, dass jemand nach ein paar Annäherungsversuchen an die Katze sagt: *Die mag mich nicht!*, und sich dann zurückzieht. Das spürt die Katze sofort und betreibt ihrerseits auch keinen großen Aufwand (mehr), um sich beliebt zu machen. Einem guten Verhältnis liegt aber Vertrauen zugrunde. Dies muss sich die Person nun erst einmal erarbeiten.

   Planen Sie das Ganze rechtzeitig vor Ihrer Abwesenheit, damit die Katze Zeit hat, sich daran zu gewöhnen. Fangen Sie damit an, dass dieser Mensch nach und nach das Füttern der Katze übernimmt (immer unter Beachtung der Kommunikationssignale der Katze und der Verhaltenstipps). Außerdem sollte dieser Mensch sich jeden Tag mindestens ein- bis zweimal 10-20 Minuten Zeit für die Katze zum Spielen nehmen (die restlichen Spielzeiten übernehmen Sie noch). Dieses Spiel sollte möglichst angenehm für die Katze sein, es sollte mit viel Lob verbunden sein, wenn sie etwas richtig gemacht hat, und mit Leckerli.

Je näher Ihre Abwesenheit rückt, desto mehr ziehen Sie sich zurück und überlassen das Füttern und Spielen der anderen Person. Wenn Sie wieder zurückkehren, können Sie den Prozess wieder Schritt für Schritt umkehren.

2. Diese Form der Annäherung sollten Sie aber nicht nur dann durchführen, wenn Sie sich auf eine längere Abwesenheit vorbereiten. Lebt Ihr_e Partner_in dauerhaft oder regelmäßig in Ihrem Haushalt, dann sollten Sie auf jeden Fall Annäherungsmaßnahmen durchführen.

3. Hat Ihre Katze Angst vor einem Menschen in Ihrem Haushalt, dann sollten Sie zunächst einmal überprüfen, in welchen Situationen genau die Katze Angst bekommt. Oft kann man sehr gut beobachten, dass sie das Weite sucht, wenn diese Person laut wird, auf den Tisch haut, lacht oder andere Geräusche macht, die plötzlich kommen und sehr laut sind. Auch schnelle Bewegungen, Ungeschicktheit, Trampeln und Poltern sind Dinge, die einer Katze große Angst einflößen können, erst recht, wenn es sonst im Haushalt recht ruhig zugeht.

Der Mensch, der Ihrer Katze Angst macht, sollte sein Verhalten anpassen. Dazu muss er einfach nur etwas bewusster handeln und etwas mehr Rücksicht nehmen, genau so, wie er es bei einem kranken Kind, bei der alten Mutter oder einem geliebten, aber lärmempfindlichen Freund auch tun würde (siehe auch „Verhaltenstipps für den Umgang mit Katzen", Seite 53).

Als nächstes sollte dieser Mensch, genau wie oben beschrieben, versuchen, das Vertrauen der Katze zu gewinnen. Zuverlässigkeit (durch regelmäßiges Füttern und feste Spielzeiten) ist dafür ein sehr wichtiger Faktor.

Eins ist allerdings klar: handelt es sich um einen Menschen, der Katzen überhaupt nicht mag und sie nur widerwillig, vielleicht

Ihnen zuliebe, duldet, dann wird es sehr schwer, ein echtes Vertrauensverhältnis aufzubauen, das es der Katze ermöglicht, angstfrei zu leben. Denn sie durchschaut es schnell, wenn jemand nicht ehrlich mit ihr umgeht, und zieht sich zurück. Und das wiederum ist dann die Bestätigung für den betreffenden Menschen, zu sagen: *Ich sag doch, die kann mich nicht leiden.*

Katzen lehnen aber niemanden grundsätzlich ab, sie möchten immer in Harmonie und Sicherheit leben können. Nur, wenn jemand sie grundsätzlich ablehnt, dann müssen sie sich gegen mögliche Angriffe schützen und ziehen sich zurück oder greifen selbst an – das sind ganz natürliche, instinktive Reaktionen.

4. Hat eine Katze aufgrund früherer Erlebnisse Angst und zieht sich deshalb zurück, können auch hier die oben genannten vertrauensbildenden Maßnahmen helfen. Sie benötigen dann nur sehr viel mehr Geduld. Denn wenn Katzen einmal etwas gelernt haben (zum Beispiel Angst zu haben), dann verlernen sie das nicht so schnell. Dafür braucht es dann Ihre Geduld und liebevolle Konsequenz, um die alten, schlechten Erfahrungen durch neue, positive Erfahrungen zu überschreiben.

6.16
Die Katze rast wie verrückt durch die Wohnung

Das Problem
Häufig passiert es nach dem Fressen: urplötzlich schießt die Katze durch die Wohnung, stößt sich dabei möglicherweise an Möbeln und Türen, wirft irgendetwas um, rennt aber trotzdem weiter. Dies dauert einige Sekunden an, dann sitzt sie irgendwo und putzt sich, oder sie ist durch die Katzenklappe nach draußen geflohen.

Mögliche Gründe
Die Gründe liegen meist im medizinischen Bereich (Verdauungsprobleme, Würmer oder Parasiten, die die Verdauung schmerzhaft machen, oder anderes) oder in dem Futter, das Sie der Katze geben. Sie werden es selten bis gar nicht erleben, dass eine Katze sich so verhält, nachdem sie eine Maus gefressen hat. Irgendetwas verursacht ihr plötzlich einen kurzen oder auch andauernden Schmerz, der sie (wie fast immer bei plötzlich auftretenden Schmerzen) fliehen lässt.

Lösungstipps
1. Zunächst sollten Sie Ihre Katze tierärztlich daraufhin untersuchen lassen, ob sie entwurmt ist (wenn nicht, entwurmen lassen!) und ob irgendwelche medizinischen Gründe (Krankheiten, schmerzhafte Operationsnarben oder anderes) im Verdauungsbereich vorliegen, die ihr Schmerzen bereiten.

2. Dann sollten Sie unterschiedliches Futter ausprobieren – nicht jede Katze verträgt jedes Futter, selbst wenn es bei irgendwelchen Tests sehr gut abgeschnitten hat. Variieren Sie das Futter (aber nicht abrupt, sondern nach und nach neues Futter zum alten hinzugeben), bis sie eins gefunden haben, das keine Schmerzen in ihr auslöst. Variieren Sie sowohl das Nass- als auch das Trockenfutter.
3. Geben Sie der Katze eine Zeitlang einmal am Tag einen kleinen Teelöffel Naturjoghurt (keine Milch!). Das können Sie zum Futter hinzutun, Sie können es als Nachtisch geben oder als Leckerli zwischendurch. Achten Sie dabei aber darauf, dass das Joghurt ein reines Naturjoghurt ohne jegliche Zusätze wie Konservierungsstoffe, Zucker, Geschmacksverstärker, Obst oder Schokolade ist. Das Joghurt ist gut für die Darmflora der Katze und hilft, ihre Verdauung ein bisschen zu regulieren.

Oftmals wird auch Öl empfohlen, aber Öle haben manchmal für Katzen ungesunde Zusätze, Öl wird leicht überdosiert, und viele Katzen mögen Öl einfach nicht (geben Sie stattdessen aber auch keine Butter oder Ghee).

6.17
Die Katze kommt unterm Bett nicht mehr hervor

Das Problem

Sie haben eine Katze in Ihrem Haushalt, die sich den ganzen Tag unterm Bett oder hinterm Sofa versteckt. Sie kommt nur zum Fressen hervor und wenn sie zur Toilette muss. Sie hat sich völlig zurückgezogen und lässt sich, wenn überhaupt, nur ganz selten streicheln.

Mögliche Gründe

- Die Katze ist krank. Bitte auf jeden Fall tierärztlich überprüfen lassen.
- Die Katze fühlt sich durch irgendetwas oder irgendjemanden im Haushalt oder im Umfeld bedroht.
- Die Katze hat keine anderen ruhigen Liegeplätze oder Rückzugsmöglichkeiten.

Lösungstipps

1. Beobachten Sie die Katze genau – gibt es etwas im Haushalt, das sie erschreckt oder verängstigt? Nach welchen Vorkommnissen verschwindet sie unter dem Bett oder hinter dem Sofa? Wenn Sie diese Gründe finden, dann versuchen Sie, sie abzustellen, damit die Katze keine Angst mehr haben muss.
2. Ist der Grund für die Angst der Katze eine andere Katze, dann lesen Sie bitte die Kapitel „Die Katze streitet sich ständig mit anderen" (Seite 137) und „Eine neue Katze in den Haushalt

integrieren" (Seite 209). Denn irgendetwas hat sich in der Hierarchie der Katzen verändert, das es nötig macht, die Katzen noch einmal in Ruhe zusammenzuführen, ohne dass die dominante Katze die Möglichkeit hat, die unterlegene ernsthaft zu bedrohen. Funktioniert auch das nicht, dann haben Sie möglicherweise eine absolute Einzelkatze unter den Katzen und sollten überlegen, sich von dieser Katze oder den anderen zu trennen (siehe dazu auch „Ich muss eine Katze weggeben – aber welche?", Seite 206).
3. Schaffen Sie für Ihre Katze mehrere Rückzugsmöglichkeiten und Liegeplätze in der Wohnung. Einige dieser Plätze sollten der Katze einen geschützten Raum bieten (ein mit einem Kissen ausgestatteter Karton, ein Karton mit einem Eingang wie ein Häuschen, ein Kissen im Regal, eine kleine, überdachte Hütte oder Ähnliches). Andere Plätze sollten an strategischen Orten liegen, von denen aus die Katze alles gut im Blick hat: auf der Fensterbank, auf einem Stuhl, auf der Kommode oder auch auf höheren, neu angebrachten Lauf- und Liegebrettern an der Wand.
4. Auch wenn Katzen in der Natur fast auf allen Unterlagen sitzen und liegen, ob Erde, Gras oder sogar Beton, helfen Sie einer offensichtlich verängstigten oder anderweitig eingeschränkten Katze auch dadurch, dass Sie ihr ein paar Anreize bieten, sich auch mal woanders hinzulegen: zum Beispiel durch eine Unterlage, die nicht rutscht, die nicht so kalt ist wie die Fensterbank, und die im besten Falle schön weich ist.
5. All diese Plätze sollten immer zugänglich sein und nicht versperrt oder zugestellt werden. Katzen sind zwar Gewohnheitstiere, doch wechseln viele Katzen ihre Liege- und Schlafplätze gerne ab und zu. Hat eine Katze zwei Monate lang einen bestimmten Stuhl belegt, kann es gut sein, dass sie ihn die nächsten zehn Tage ignoriert und stattdessen im Karton schläft. Je mehr solcher Plätze Sie haben, desto entspannter kann die Katze sein, da sie jederzeit von einem zum anderen Platz umziehen kann, wenn sie das Bedürfnis danach hat oder wenn es nötig ist (weil am bisherigen Liegeort zu viel Lärm ist, zum Beispiel).

6. Wenn Sie genügend Sitz-, Liege- und Rückzugsmöglichkeiten geschaffen haben, die Katze aber trotzdem nicht unterm Bett hervorkommt, dann stellen Sie zeitweise Infrarotkameras in der Wohnung auf. Damit können Sie überprüfen, ob die Katze sich wenigstens nachts frei durch die Wohnung bewegt. In aller Regel ist dies nämlich der Fall.

   Und das ist ein Zeichen dafür, dass sich die Katze tagsüber zurückzieht, weil es ihr in der Wohnung zu laut, zu unruhig und vielleicht auch zu gefährlich erscheint. Möglich, dass Sie zu viel Lärm machen, dass Sie zu viel Unruhe verbreiten, oder auch, dass Sie zu viel Druck auf die Katze ausüben, indem Sie sie immer wieder gewaltsam unterm Bett hervorholen, womöglich mit ihr schimpfen, wenn sie sich dagegen wehrt, und Ähnliches. Vielleicht ist die Katze aber aufgrund schlechter Erfahrungen oder von Natur aus ein ängstliches Tier. Oder etwas hat sie bei Ihnen erschreckt und sie zieht sich in Ihrer Anwesenheit lieber zurück, um das nicht noch einmal zu erleben.

7. Lassen Sie die Katze selbst und in Ruhe aussuchen, wo sie liegen und schlafen möchte – und wenn sie dann doch einmal tagsüber hervorkommt, loben Sie sie sofort. Übertreiben Sie es damit aber nicht – ein ganz normales Lob reicht völlig aus. Lassen Sie sie in Ruhe weitergehen, folgen Sie ihr nicht, versuchen Sie dann auch nicht sofort, sie zum Streicheln oder zum Spielen zu bewegen, denn das könnte genau das Gegenteil dessen bewirken, was Sie eigentlich möchten.

8. Ist Ihre Katze aber herausgekommen und macht nicht den Eindruck, dass sie sich unbedingt sofort wieder verstecken will, dann locken Sie sie vorsichtig – mit Leckerli oder mit einem Spielzeug. Reagiert sie nicht, lassen Sie sie in Ruhe. Reagiert sie, loben Sie sie sofort – gerade bei ängstlichen Katzen ist es sehr wichtig, sie konsequent zu loben. Spielen Sie jetzt ein bisschen mit ihr oder geben Sie ihr das Leckerli. Wenn sie dann wieder verschwinden möchte, lassen Sie sie gehen und probieren Sie es beim nächsten Mal wieder.

Bleiben Sie konsequent und geduldig dabei – ich bin mir sicher, dass Ihre Katze, wenn Sie alle diese Punkte beachten, dann auch irgendwann von selbst unterm Bett hervorkommt und sich bald ganz entspannen kann.

6.18

Ist der Mensch aus dem Haus, tanzt die Katz auf dem Tisch

Das Problem

Die Katze hat gelernt, nicht auf den Esstisch oder Couchtisch zu springen. Sie haben mit ihr geübt, dass bestimmte Bereiche der Wohnung tabu sind. Doch wenn Sie mal weg sind, bemerken Sie anschließend, dass die Katze in Ihrer Abwesenheit doch wieder in den verbotenen Räumen oder auf dem verbotenen Tisch gewesen ist.

Mögliche Gründe

Katzen lernen sehr gut, sich in Ihrer Anwesenheit so zu verhalten, wie Sie es wünschen. Manchmal testen sie ihre Grenzen nochmal aus, indem sie doch in Ihrer Anwesenheit auf den Tisch springen – aber wenn Sie wirklich konsequent waren und sind, dann wird das nur sehr selten passieren.

Diese Regeln akzeptiert die Katze (wie gesagt, wenn Sie konsequent sind). Doch stehen diese Regeln nur in Verbindung mit Ihrer Anwesenheit als ranghöheres Tier. Sind Sie aus dem Revier verschwunden, gelten diese Regeln nicht mehr. Das ist ein ganz natürliches Verhalten, das Sie gar nicht unterbinden können.

Lösungstipps

1. Wenn Sie nicht wollen, dass Ihre Katze in Ihrer Abwesenheit auf den Tisch springt oder in bestimmte Räume geht, dann hilft nur eins: machen Sie diese Orte, die die Katze nicht betreten soll, möglichst unattraktiv für sie.

2. Einen Tisch können Sie zum Beispiel mit Dingen vollstellen, die der Katze beim Sprung nach oben im Weg sind. Sie sollten außerdem alles, was die Katze lecker finden könnte, so entfernen, dass sie auf keinen Fall herankommt. Sie sollte es noch nicht einmal riechen können. Stellen Sie alles deshalb gut verschlossen in einen abschließbaren Schrank oder den Kühlschrank.
3. Möbel, auf denen die Katze nicht liegen soll, müssten Sie ebenfalls unattraktiv für die Katze machen. Legen Sie, zum Beispiel, Gegenstände darauf, die ein Hinlegen und Zusammenrollen unbequem oder unmöglich machen. Oder legen Sie etwas Knisterndes wie Alufolie oder Noppenfolie darauf, was für die Katze zu unangenehm wäre. Allerdings funktioniert dies nicht bei allen Katzen.

Wenn Ihr Sofastoff sehr empfindlich ist, Sie aber keine Möglichkeit sehen, die Katze davon abzuhalten, in Ihrer Abwesenheit doch wieder dort Platz zu nehmen, legen Sie einfach eine Decke darauf, die Sie, wenn Besuch kommt, abnehmen können.

4. Räume, die die Katze in Ihrer Abwesenheit nicht betreten soll, können Sie entweder schließen, oder Sie könnten den Eingang unattraktiv gestalten, zum Beispiel, indem Sie sehr viel knisternde Folie auslegen, und zwar so viel, dass sie die Folie nicht durch einen großen Sprung überwinden kann. Knisternde Materialien wie Alufolie können auch helfen, die Katze von bestimmten Möbelstücken fernzuhalten – doch sollten Sie nicht vergessen, dass sie sehr gut, sehr hoch und sehr weit springen kann – Sie bräuchten im Zweifel extrem viel Folie, und Sie müssten sie immer wieder hin- und herräumen, wenn Sie nicht selbst zwischen lauter Folie leben möchten.

Das Schließen einer Zimmertür wäre da natürlich einfacher. Manche Katzen können aber geschlossene Türen öffnen, indem sie einfach hoch zur Türklinke springen und sie herunterziehen. Sie sollten dann entweder die Räume abschließen oder die Türklinken umstecken, sodass die Klinke im Normalzustand hochkant ausgerichtet ist, nicht mehr waagerecht.

Das Schließen von Räumen empfehle ich aber höchstens bei Freigängerkatzen (mit Katzenklappe). Denn das Revier von Wohnungskatzen ist ohnehin schon so winzig, dass es eine Zumutung wäre, ihr diesen winzigen Raum noch stärker zu beschneiden.

5. Sollten Sie die Räume schließen wollen, weil die Katze vielleicht auf Ihr Bett pinkelt oder irgendetwas kaputt macht, dann lesen Sie bitte die Kapitel „Die Katze ist unsauber" (Seite 100), „Die Katze markiert in der Wohnung" (Seite 112), und „Die Katze zerkratzt Möbel, Tapeten usw." (Seite 116). Abgeschlossene Räume ändern an diesen Problemen nicht das Geringste.

6. Richten Sie feste, tägliche Spielzeiten ein, mindestens zwei- bis dreimal täglich für 10-20 Minuten (siehe auch „So spielen Sie richtig mit Ihrer Katze", Seite 68). Eine Katze, die auf diese Weise ausgelastet wird, tendiert weniger dazu, sich andere Unterhaltungsmöglichkeiten zu suchen.

6.19
Die Katze verschwindet immer wieder tagelang

Das Problem
Die Freigängerkatze ist ab und zu (oder oft) für mehrere Tage am Stück verschwunden. Manchmal ist es nur ein einziger Tag, manchmal sind es mehrere Tage. Oder die Wohnungskatze ist stiften gegangen und kommt nicht wieder.

Mögliche Gründe
- Die Katze ist rollig oder der Kater ist einer rolligen Katze auf der Spur.
- Die Katze ist in der Nacht in einem Versteck eingeschlafen und kann aus verschiedenen Gründen am Tag nicht zurückkommen (vielleicht weil der Autoverkehr dann stärker ist, weil eine andere Katze sie bedroht, weil zu viele fremde Menschen in der Nähe sind und sie sich aus dem Versteck heraustraut).
- Irgendetwas hat die Katze stark verängstigt, sodass sie sich nicht traut, aus ihrem Versteck herauszukommen.
- Die Katze hat ein neues Mäusenest gefunden, das sie keiner anderen Katze überlassen möchte; vielleicht ist sie aber auch bei der Jagd so weit gelaufen, dass sie ihr eigentliches Revier verlassen hat und jetzt vorsichtig sein muss, wenn sie andere Reviere bei der Rückkehr durchquert.
- Irgendwo haben vermeintliche Katzenliebhaber_innen Futter für wild lebende Katzen deponiert, wo Ihre Katze sich gerne bedient, weil es lecker schmeckt.

- Die Katze wurde unbemerkt in einem Schuppen, einer Garage oder einem Keller eingesperrt.
- Jemand hat gedacht, es handle sich um ein Tier, das kein Zuhause hat, und hat es deshalb bei sich aufgenommen.
- Ist es eine Wohnungskatze, kann es sein, dass die vielen Eindrücke in der Natur sie überwältigen und sie sich in eine sichere Ecke zurückgezogen hat, aus der sie sich kaum heraustraut. Und wenn sie sich traut, sind Ihre Türen und Fenster geschlossen, sodass sie gar nicht von selbst wiederkommen kann.

Lösungstipps

1. Freigängerkatzen und -kater sollten grundsätzlich kastriert sein. Es gibt viel zu viele nicht kastrierte Katzen da draußen, und eine Freigängerkatze nicht zu kastrieren, ist nicht nur leichtsinnig, sondern auch verantwortungslos. Allein im Jahr 2010 wurden laut Tierschutzbund 87% aller Katzen im Tierheim abgegeben, weil sie trächtig sind! Für die Jungen, die im Tierheim geboren werden, ist das nicht weiter schlimm, denn sie werden in der Regel blitzschnell vermittelt. Die Mutterkatzen aber müssen häufig eine halbe Ewigkeit dort ausharren. Viele Katzen erleben sogar nie wieder ein normales, ansatzweise artgerechtes Leben, sondern sterben im Tierheim – und das nur, weil die Menschen so verantwortungslos waren, sie nicht kastrieren zu lassen.

   Nicht zuletzt sind nicht kastrierte Kater in Waldgebieten, in denen die Europäische Wildkatze beheimatet ist, mit dafür verantwortlich, dass diese ohnehin schon extrem seltene, echte Wildkatze vom Aussterben bedroht ist, weil es zunehmend durch die nicht kastrierten Hauskater zu Hybridisierungen kommt.

2. Wenn Sie wissen, dass jemand innerhalb des Reviers Ihrer Katze Futter für wild lebende Katzen rausstellt, versuchen Sie, mit diesen Leuten zu sprechen. Denn an diesen Orten verbreiten sich Krankheiten unter den Katzen blitzschnell (Ihre Katze kann sich dort auch anstecken), und die Katzen vermehren sich rasant. Die vermeintliche „Tierliebe" dieser Leute geht nämlich nur sehr selten

so weit, dass sie diese Katzen alle kastrieren und impfen lassen und bei Krankheiten behandeln lassen.

Sollten diese Leute kein Geld für tiermedizinische Behandlungen haben, versuchen Sie, in der Nachbarschaft dafür Geld zu sammeln. Damit tun Sie nicht nur den wild lebenden Katzen, sondern auch Ihren eigenen Katzen etwas Gutes.

Eins sollten Sie jedoch beachten: In manchen Gegenden ist es nicht erlaubt, eine wild lebende Katze nach der Kastration wieder am Ursprungsort auszusetzen. Viele von ihnen landen im Tierheim, was für diese Tiere unendliche Qualen bedeutet – denn sie sind freiheitsliebende, unabhängige Tiere, deren Reviere nun nicht mehr zwischen 170.000 und 630.000 Quadratmetern betragen, sondern plötzlich nur noch eine Handvoll Quadratmeter (wenn sie Glück haben). Viele dieser Tiere vegetieren lebenslang in den Tierheimen vor sich hin, weil die meisten Menschen lieber kleine Kuscheltiere mit nach Hause nehmen, als einem älteren Wildfang die Freiheit zu schenken.

3. Ist Ihre Katze länger als zwei, drei Tage verschwunden, sollten Sie sie suchen gehen. Sollten Sie sie sehr weit von Ihrem Zuhause entfernt aufspüren, dann üben Sie keinen Druck auf sie aus – gerade verängstigte Katzen kommen dann erst recht nicht aus ihrem Versteck heraus. Nehmen Sie sich Zeit und setzen Sie sich in die Nähe, ohne sie ständig zu locken oder anzustarren. Warten Sie einfach ab, ob sie von selbst kommt. Wenn sie heute nicht aus ihrem Versteck herauskommt, kommt sie vielleicht morgen. Manchmal kommt sie aber auch erst dann wieder heraus, wenn Sie weg sind.

Ist es eine besonders zahme Katze, dann können Sie einen Transportkorb mitbringen und sie ohne Druck mit Leckerli versuchen, zu sich zu locken. Klappt das nicht, warten Sie einfach ab.

Ist der Fundort weniger als ein paar Kilometer entfernt, und befinden sich keine Autobahnen oder Bundesstraßen auf dem Weg, warten Sie ab. Ihre Katze weiß sehr gut, wo Sie leben, und wird dann nach Hause kommen, wenn sie dazu bereit ist.

4. Ist Ihre Katze länger als nur zwei, drei Tage verschwunden, dann bitten Sie die gesamte Nachbarschaft, in ihren Kellern, Garagen und Schuppen nachzuschauen. Hängen Sie Suchzettel an Laternenpfähle (aber bitte niemals an Bäume tackern! Damit zerstören Sie die Bäume*). Manche Leute hassen Katzen und werden sich weigern, andere werden Ihnen sofort alle Türen öffnen. Geben Sie nicht auf, bis Sie die Katze gefunden haben.

Ich kenne einen Fall, wo die Katze aus Versehen in einem Schau-Gartenhäuschen auf dem Gelände eines Baumarktes eingesperrt wurde. Einen Monat lang hatte niemand das Gartenhäuschen betreten, und niemand hatte die Katze gehört, weil der Baumarkt an einer stark befahrenen Bundesstraße lag. Am Ende konnte man sich absolut nicht erklären, wie dieses Tier überhaupt überleben konnte: doch sie lebte. Sie war aber vollkommen ausgemergelt und apathisch, als man sie fand. Ihr Mensch nahm sich sofort frei und legte sich wochenlang mit der Katze auf dem Bauch aufs Bett – die Katze hing zunächst am Tropf und wurde dann ganz vorsichtig per Hand gefüttert. Dank der Körperwärme ihres Menschen und dank dieser unglaublich liebevollen Pflege erholte sich die Katze tatsächlich und lebte noch einige schöne Jahre lang.

5. Halten Sie nach Möglichkeit Fenster und Türen für die Wohnungskatze offen, damit sie jederzeit zurückkehren kann. Steht sie nächtelang vor verschlossener Haustür, kann es sein, dass sie sich ein neues Zuhause sucht.

Warum Sie niemals Suchzettel an Bäume hängen sollten: selbst wenn die Rinde der Bäume sehr dick und krustig erscheint, kann es sein, dass Sie mit Ihrem Nagel, Pin oder dem Tacker ein Loch durch die Rinde hindurch stoßen, das den Weg für Bakterien und Viren frei macht. Nur sieht man den Schaden bei Bäumen erst viele Jahre später, wenn sie scheinbar „plötzlich" einen großen Baumpilz aufweisen oder von innen verfault sind, ihre Standfestigkeit verloren haben und deshalb gefällt werden müssen.

Lassen Sie sich bitte auch nicht davon irritieren, dass in Wäldern und an Straßen Hinweisschilder von Behörden an Bäume genagelt und gebohrt wurden – in den meisten Fällen wurde dies von Menschen gemacht, die keine

Ahnung von Bäumen haben. Nicht jeder dieser Bäume stirbt deshalb – aber die Gefahr ist groß, besonders in Gegenden, wo Bäume ohnehin starken Belastungen ausgesetzt sind. Deshalb sollten Sie immer andere Möglichkeiten finden, um Ihre Suchanzeige aufzuhängen. Wenn es unbedingt ein Baum sein muss, dann binden Sie die Anzeige mit einem Faden daran. Ja, den können böswillige Menschen durchschneiden, aber Sie zerstören damit keinen viele Jahrzehnte alten Baum, der für Ihre Umwelt sehr, sehr wertvoll ist.

6.20

Die Katze hat sich bei anderen Leuten einquartiert

Das Problem

Ihre Katze ist weggelaufen und hat sich in der Nachbarschaft oder an Ihrem alten Wohnort bei anderen Menschen häuslich niedergelassen.

Grund

Es gibt nur einen Grund für dieses Verhalten: eine Katze ist kein Hund. Sie sucht sich sehr genau aus, bei wem sie leben möchte, und wenn es ihr dort, wo Sie leben, nicht gefällt, dann geht sie woanders hin. Das muss nicht notwendigerweise an Ihnen persönlich liegen. Manchmal stimmt das Umfeld für die Katze einfach nicht (zum Beispiel wegen zu vieler Kinder, zu viel Lärm und Unruhe). Und manchmal ist es bei anderen Leuten passender oder schöner für die Katze.

Lösungstipp

Hierfür gibt es auch nur eine Lösung, vorausgesetzt, dass die neue Familie einverstanden ist: lassen Sie die Katze dort. Das mag Ihnen sehr schwer fallen, weil Sie das Tier sehr lieb gewonnen haben. Doch weiß die Katze in der Regel besser als Sie, was gut für sie selbst ist. Und wenn die Menschen und das Umfeld an ihrem neuen Wohnort so angenehm sind, dass sie immer wieder wegläuft und es sich dort gemütlich macht, dann sollten Sie das respektieren. Zumal die Katze möglicherweise jedesmal, wenn Sie sie zurückgeholt haben, wieder weglaufen wird. Holen Sie sie immer wieder zurück, ist das unnötiger Stress für die Katze. Finden Sie daher eine gütliche Einigung mit der neuen Familie – im Sinne der Katze.

6.21
Die Katze frisst ihre Medikamente nicht

Das Problem

Ihre Katze ist vorübergehend oder chronisch erkrankt, aber Sie finden keinen Weg, ihr die nötigen Medikamente zu verabreichen.

Häufig raten Tierärzt_innen, das Tier festzuhalten und ihm die Tabletten ins Maul zu stopfen oder die Tropfen hineinzudrücken, das Maul zu schließen und so lange zu warten, bis die Katze die Tablette oder die Tropfen geschluckt hat. Das ist für das Tier ein großer Stress (und nicht nur für das Tier, sondern für Sie sicher auch), und möglicherweise bekommt die Katze dadurch Angst vor Ihnen.

Trotzdem nehmen manche Menschen dies lieber in Kauf, als andere Wege auszuprobieren – manchmal kennen die Tierärzt_innen keine anderen Wege, und oftmals weigern sich die Menschen, alternative Medizin auch nur einmal auszuprobieren. Zum Schaden der Katze.

Mögliche Gründe

- Die Katze hat in der Vergangenheit sehr schlechte Erfahrungen damit gemacht, Medikamente verabreicht zu bekommen.
- Der Katze ist es unheimlich, etwas zwangsweise verabreicht zu bekommen, oder sie hat Angst davor.
- Die Medikamente sind und/oder schmecken unangenehm. Leider hat die Pharmaindustrie es bis heute nicht geschafft, Tiermedikamente so zu präparieren, dass die Tiere sie gerne zu sich nehmen.

  Naturheilmittel dagegen, die von Katzen sehr viel leichter angenommen werden, werden häufig gar nicht erst in Betracht gezogen. Sie haben noch immer einen nicht sehr guten Ruf, insbesondere, weil die wissenschaftlichen Methoden heute noch nicht ausreichen, um die Wirksamkeit von Naturheilmitteln eindeutig nachzuweisen. Was nicht heißt, dass sie nicht trotzdem wirksam sein können, wie zahllose Praxisberichte beweisen.

Lösungstipps

Wenn Sie die konventionelle Medizin nicht gewaltsam in die Katze hineinstopfen möchten, dann haben Sie folgende Möglichkeiten:

1. Geben Sie sie über das tägliche Nassfutter. Tabletten können Sie mit einem Mörser zu Pulver zerstoßen und über das Futter streuen. Wenn Sie dann das Futter ein bisschen durcheinandermischen, riecht die Katze den Braten vielleicht erst, wenn sie die ersten Bissen genommen hat und vor lauter Appetit jetzt wegen eines etwas komischen Geschmacks nicht aufhören möchte. Allerdings lässt sich längst nicht jede Katze auf diese Weise austricksen.
2. Geben Sie der Katze kleine Tabletten oder Teile der Tabletten in Leckerli verpackt. Dafür eignen sich Sticks sehr gut, denn sie sind meist weich genug, um einen Abschnitt in der Mitte zu öffnen, etwas Kleines hineinzupressen und die Öffnung anschließend wieder zuzudrücken, sodass der Geruch des Sticks nicht von dem Geruch der Tablette überlagert wird. Geben Sie der Katze den ganzen oder halben Stick, Abschnitt für Abschnitt direkt aus Ihrer Hand. Geben Sie ihr immer ein oder zwei Stücke mehr als sie Tablettenteile haben. So behält sie den schönen Geschmack im Gedächtnis und freut sich beim nächsten Mal wieder auf den Snack.
3. Sollte das nicht funktionieren, sollten Sie naturheilkundliche Alternativen in Erwägung ziehen. Auch wenn Sie selbst keine Naturheilmittel nehmen würden, sie sogar strikt ablehnen, sollten Sie sie zum Wohle Ihrer Katze wenigstens ausprobieren. Und viele Tierärzt_innen empfehlen, wo es möglich ist, Naturheilmittel als Alternativen, insbesondere bei Katzen, die sich gegen jede Mittelverabreichung (ob Tropfen oder Pillen) sträuben.
4. Viele Katzen sprechen sehr gut auf Naturheilmittel an, und die meisten Katzen nehmen sie widerstandslos zu sich. Nicht alle

Katzen können sich mit alkoholfreien Bachblüten anfreunden. Aber Schüssler-Salze und Globuli sind meist sehr beliebt, weil Katzen sie wie eine Süßigkeit wahrnehmen. Diese Mittel können Sie im Mörser zerstoßen und über das Nassfutter geben. Und Globuli lassen sich perfekt in das Nassfutter, aber auch in die Leckerli-Sticks drücken.

Ich kann manche Vorbehalte gegen Naturmedizin durchaus nachvollziehen, denn im ersten Moment erscheint es ja wirklich nicht logisch, dass ein Mittel umso stärker wirken soll, je weniger vom Wirkstoff darin enthalten ist. Fakt ist aber: unzählige Menschen und Tiere erleben trotzdem eine Heilung, die sie durch konventionelle Medizin nicht erfahren haben. Nicht jedes alternative Medikament hilft, und es gibt nicht für alle Krankheiten wirksame Alternativen in der Naturheilkunde. Aber die Gesundheit und das Wohlbefinden ihrer Katzen sollten es den Menschen wert sein, die vorhandenen Alternativen auszuprobieren. Bei meinen Katzen waren, zum Beispiel, homöopathische Mittel bislang fast immer erfolgreich.

6.22
Die Katze lässt sich nicht einfangen

Das Problem

Geht es zum nächsten Besuch bei der Tierärztin, scheinen Katzen oftmals einen 7. Sinn zu haben: sie scheinen zu ahnen, was auf sie zukommt, und sind deshalb nicht auffindbar oder zertrümmern auf der Flucht die halbe Wohnung, wenn sie eingefangen werden sollen.

Grund

Die Katze kann nicht wissen, dass es zur Tierärztin geht, es sei denn, Sie haben die Transportbox schon in Sichtweite der Katze bereitgestellt. Was die Katze aber spürt, ist, dass Sie ganz aufgeregt sind, weil Sie ahnen, was jetzt auf Sie zukommt: die Katze einfangen zu müssen, um rechtzeitig für den Termin in der Praxis zu sein.

Das heißt: es ist nicht die Angst vor der Tierärztin, die die Katze ausrasten oder sich verängstigt verstecken lässt. Ihr Gespür sagt ihr nur: Oh, unheimlich! Mein Mensch ist gerade sehr aufgeregt; da liegt wohl etwas in der Luft. Ich mache mich lieber dünne!

Sie verfolgen die Katze dann, weil Sie ja den Termin einhalten wollen. Damit setzen Sie sie sehr stark unter Druck – vor dem sie, ihrer Natur gemäß, flieht. Wenn Sie sie dann weiterhin verfolgen, schaffen Sie vor allem zweierlei: die Katze wird panisch, und Sie haben für immer eine automatische Reaktion der Katze etabliert. Denn sowie Sie aufgeregt oder hektisch werden, sucht sie das Weite. Selbst wenn Sie glauben, die Ruhe selbst zu sein: Sie sind es nicht. Und Ihre Katze kann das spüren.

Lösungstipps

1. Warnen Sie Ihre_n Tierärzt_in vor, dass es sein kann, dass Sie es nicht rechtzeitig zum Termin schaffen. Das ist für die Praxen wirklich nichts Neues. Und Termine lassen sich verschieben, ohne dass es in den meisten Fällen lebensbedrohlich für die Katze ist. Bleiben Sie also ganz ruhig, selbst wenn sehr viel von diesem Termin abhängt. Im Zweifel verschieben Sie ihn lieber noch ein wenig und gehen die im Folgenden angegebenen Lösungstipps durch.
2. Lassen Sie die Transportbox ab sofort sichtbar in der Wohnung stehen, sodass nicht nur ihr Anblick normal für die Katze ist, sondern auch der Geruch der Box für sie normal, also angenehm ist.
3. Hat die Katze die Transportbox akzeptiert, belegen Sie diese positiv. Zum Beispiel, indem Sie beim Spielen mit der Katze ein Spielzeug, das sie liebt, in die Transportbox werfen oder legen, damit die Katze es dort erjagen kann oder dort damit spielen kann.
4. Üben Sie lange vor dem nächsten Termin bei der Tierärztin und regelmäßig mit der Katze, in die Transportbox zu gehen, immer und immer wieder. Wenn sie hineingeht, loben Sie sie sofort, am Anfang ruhig zusätzlich mit einem Leckerli. Geht sie noch nicht hinein, nehmen Sie zunächst die Haube ab. Geht die Katze dort lässig ein und aus, versuchen Sie vorsichtig und in kleinen Schritten, die Haube aufzusetzen und die Katze wieder hineinzulocken.
5. Wenn die Katze wirklich ohne Angst und Zögern in die Transportbox mit Haube steigt (und erst dann!), schließen Sie das Gitter für einen kurzen Moment und loben Sie die Katze sofort. Dann öffnen Sie das Gitter direkt wieder.
6. Das Schließen des Gitters üben Sie so lange, bis die Katze es akzeptiert, dass es für einen längeren Moment geschlossen ist. Loben Sie sie dabei jedesmal aufs Neue.
7. Der nächste Schritt ist, die Transportbox bei geschlossenem Gitter anzuheben. Machen Sie das zuerst nur ganz kurz, nur ein paar

Millimeter hoch, und stellen Sie sie sofort wieder ab. Loben Sie die Katze sofort.

8. Üben Sie das Heben weiter, jedesmal etwas länger und/oder höher. Loben Sie sie jedesmal, wenn sie sich dabei ruhig verhält. Aber Achtung: bekommt Ihre Katze Panik, das heißt, versucht sie, aus der Box herauszukommen, brechen Sie sofort ab, öffnen Sie das Gitter und lassen Sie die Katze in Ruhe, sodass sie sich beruhigen kann.

9. Möglich, dass Sie danach wieder bei Null beginnen müssen – manche Katzen brauchen sehr lange, um echtes Vertrauen zu ihren Menschen (und deren Transportboxen) aufzubauen. Achten Sie dann bei den nächsten Versuchen unbedingt noch mehr darauf, wie Ihre Katze reagiert, um die Übung früh genug abzubrechen, damit die Katze gar nicht erst in Panik gerät. Reden Sie dabei auch nicht unnötig auf sie ein, sondern verhalten Sie sich ganz ruhig und normal.

10. Wenn die Katze es zulässt, dass Sie sie durch mehrere Zimmer tragen, gehen Sie dazu über, sie aus der Wohnung herauszutragen. Machen Sie auch dies nur in kleinen Schritten – gehen Sie ein paar Schritte aus der Wohnung hinaus und kehren Sie sofort zurück. Dadurch lernt die Katze, dass das Getragen werden gar nicht so schlimm ist, denn sie wird ja immer wieder nach Hause zurückgetragen.

11. Diese Schritte verlängern Sie immer weiter, bis Sie es schaffen, mit einer möglichst ruhigen Katze ein paar Meter im Auto zu fahren. Auch hier gilt wieder: gehen Sie dabei ruhig und entspannt vor, denn die Ruhe überträgt sich auch auf die Katze. Setzen sie die Transportbox im Auto ab und starten Sie den Motor. Stellen Sie den Motor wieder ab und tragen Sie die Katze nach Hause. Beim nächsten Mal lassen Sie den Motor etwas länger laufen, schnallen sich an und schalten einen Gang ein. Beim darauffolgenden Mal fahren Sie ein, zwei Meter.

12. Gehen Sie jeden neuen Schritt immer erst dann, wenn die Katze ruhig bleibt. Denken Sie aber nicht, Sie könnten jetzt 200 Kilometer

weit fahren, weil die Katze beim Anstellen des Motors ruhig bleibt. Alles muss in kleinen Schritten geübt werden.

13. Manche Katzen hassen es trotz aller Übungen grundsätzlich, mit dem Auto zu fahren. Sie miauen, kaum dass der Motor gestartet wird, und hören erst wieder auf, wenn der Motor aus ist. Manchmal hilft es dann, ein dünnes Handtuch über die Sichtschlitze im Transportkorb zu legen, um die Katze zu beruhigen. Denn das dämpft zwar das Vibrieren des Wagens und die Bewegungen des Autos beim Bremsen oder in Kurven nicht, aber es dämpft zumindest das Geräusch des Motors ein wenig. Einigen Katzen hilft das schon ein bisschen.

Sie finden vielleicht, dass das viel zu viel Aufwand dafür ist, dass Sie nur einmal im Jahr mit der Katze zur Tierärztin fahren. Sie denken vielleicht auch, das sei Zeitverschwendung, und die Katze solle sich nicht so anstellen, sie müsse doch nur einmal im Jahr da durch. Damit sind aber weitere Probleme schon vorprogrammiert.

Bedenken Sie bitte: eine Katze ist ein instinkt-getriebenes Fluchttier. Alles, was sie ängstigt, können Sie ihr nicht erklären wie einem Kind, sondern müssen auf dem Vertrauen, das sie zueinander haben, aufbauen, um ihr die Angst zu nehmen. Das schaffen Sie nur mit viel Geduld und liebevoller Konsequenz.

6.23
Die Katze will nicht nach draußen

Das Problem

Sie haben Ihrer Katze eine Katzenklappe eingerichtet oder sind vielleicht extra umgezogen, damit die Katze als Freigängerin leben kann. Doch sie geht gar nicht nach draußen. Oder sie geht nicht mehr nach draußen.

Mögliche Gründe

- Ihre Katze geht nur nachts raus, wenn Sie das gar nicht mitbekommen. Tagsüber begnügt sie sich damit, an der Katzenklappe oder am Fenster zu sitzen und zu beobachten, was da vor sich geht.
- Ihre Katze kennt das Leben in der Natur gar nicht, weil sie schon immer nur in Wohnungen gehalten wurde, und sie traut sich nicht nach draußen.
- Die Katze ist eine eher ängstliche, wenig selbstbewusste Katze, die sich leicht von dominanteren Katzen verscheuchen lässt.
- Draußen ist es zu kalt, zu laut oder ungemütlich. Manche Katzen liegen den ganzen Sommer über fast 24 Stunden am Tag draußen und kommen nur zum Fressen wieder rein. Und wenn es kühler wird, verbringen sie wieder mehr oder die meiste Zeit drinnen. Das ist aber ganz normal.
- Die Katze ist krank (in diesem Fall bitte tierärztlich untersuchen und die Medikation überprüfen lassen!) oder sie ist alt und hat nicht mehr die Kraft oder die Lust, sich draußen gegen die anderen zu behaupten.

Lösungstipps

1. Bringen Sie eine Kamera gegenüber der Katzenklappe an und lassen Sie sie nachts und während Ihrer Abwesenheit aufnehmen, was dort vor sich geht. Viele Menschen sind sehr erstaunt zu sehen, dass ihre tagsüber so lethargisch erscheinende Katze durchaus nach draußen geht und womöglich sogar den Großteil der Nacht draußen verbringt.
2. Wenn Ihre Katze das Draußensein nicht kennt, dann sollten Sie es ihr beibringen. Gehen Sie selbst nach draußen und locken Sie die Katze mit ein paar Rufen und Leckerli durch die Katzenklappe. Halten Sie die Klappe zunächst mit der Hand hoch, sodass die Katze das Loch überhaupt erst einmal kennenlernen kann. Je sicherer sie da hindurchsteigt, desto niedriger können Sie die Klappe sinken lassen, damit die Katze merkt, da ist etwas, aber das kann man mit dem Kopf leicht bewegen. Manchmal dauert es mehrere Tage oder Wochen, bis sie das versteht und sich dann traut, die Klappe selbst aufzudrücken. Machen Sie es ihr auch von drinnen immer wieder vor, bis sie es von selbst schafft. Loben Sie aber in jedem Fall jeden einzelnen Fortschritt!

   Üben Sie dabei aber keinen Druck auf sie aus. Heben Sie sie auch nicht einfach nach draußen und setzen sie irgendwo ab – das kann genau das Gegenteil von dem bewirken, was Sie eigentlich vorhaben.

   Stellen Sie sicher, dass die Katzenklappe wirklich immer funktionsfähig und von beiden Seiten zu öffnen ist.

   Sollte die Katze nach Wochen regelmäßigen Übens immer noch nicht oder nicht gerne nach draußen gehen wollen, dann ist das eben so. Sie können es weiterhin versuchen, aber Sie müssen dabei aufpassen, sie damit nicht zu sehr unter Druck zu setzen. Manche Katzen brauchen sehr lang, manchmal Monate, um so einen ersten Schritt zu wagen.
3. Genau wie oben beschrieben sollten Sie auch mit einer ängstlichen Katze vorgehen. Zwingen Sie sie nicht, setzen Sie sie nicht unter

Druck. Bieten Sie ihr einfach die Möglichkeit an und überlassen Sie es ihr, wie sie sie nutzt. Selbst sehr ängstliche Katzen gehen gerne nach draußen. In Begleitung ihres Menschen, wenn sie zu ihm bereits ein wenig Vertrauen gefasst haben, fällt es ihnen übrigens leichter. Das heißt nicht, dass Sie sie hinaustragen sollen oder für immer und ewig mitgehen müssen. Seien Sie am Anfang einfach draußen, locken Sie die Katze ein bisschen und warten ansonsten ab, was passiert. Wie gesagt, bei manchen Katzen kann es lange dauern. Geben Sie aber nicht einfach auf.

4. Wenn Sie es geschafft haben, dass eine unerfahrene oder ängstliche Katze nach draußen geht, und wenn Sie selbst ebenfalls draußen sind, dann sollten Sie besonders darauf achten, dass keine anderen Katzen (und Hunde und laute Menschen) da sind. Verscheuchen Sie andere Katzen, indem Sie ihnen in die Augen starren, bis sie sich wegdrehen und weggehen (siehe auch „Signale der Augen", Seite 35). Hilft das nicht (was eigentlich nur selten der Fall ist), starren Sie sie weiter mit unfreundlichem Gesicht an und gehen Sie langsam und ruhig auf sie zu. Selten missversteht das eine Katze – in der Regel dreht sie dann ab, weil sie keinen Ärger mit Ihnen bekommen möchte. Und Sie werden sehen, dass sie nach ein paar neuen Versuchen in Zukunft nicht mehr so nahe kommen, sondern schon beim ersten starren Blick von Ihnen abdrehen wird.

Ich rate Ihnen dringend davon ab, andere Katzen durch Händeklatschen, Rufen oder Schreien zu verscheuchen. Denn das erschreckt natürlich auch Ihre Katze, was ihr das Rausgehen möglicherweise auch verleiden kann. Auch eine Wasserpistole oder Gegenstände zu werfen ist in der Regel absolut überflüssig. Außerdem kann Ihre Katze daraus nichts lernen. Eine Katze erkennt vor allem das, was sie als Katze ohnehin schon intuitiv kann: Kommunikation durch Katzensignale. Und das Anstarren ist ein solches Signal.

6.24
Die Katze bringt immer Vögel ins Haus

Das Problem

Katzen jagen Beute, selbst wenn sie vollständig vom Menschen gefüttert werden. Sie jagen das, was sie vorfinden: vor allem Mäuse, aber auch Ratten, Kaninchen und Vögel. Und häufig bringen sie die noch lebenden, halbtoten oder toten Tiere mit ins Haus, um sie dort weiter zu jagen und schließlich zu fressen.

Mögliche Gründe

- Gerade wegen der Vögel sind Katzen oft sehr unbeliebt, weil ihnen nachgesagt wird, dass sie für den Rückgang der Bestände hauptverantwortlich sind. Das ist allerdings blanker Unsinn. Zum einen fangen Katzen vor allem alte, kranke oder unerfahrene Vögel. Zum anderen ist einzig der Mensch verantwortlich für den Rückgang der Singvogelarten: erstens hat er in seiner Umgebung, ob städtisch oder ländlich, dafür gesorgt, dass Vögel immer weniger Lebensräume haben (einheimische Bäume, Sträucher und Hecken werden entfernt, weil sie Arbeit machen; und/oder es werden nichtheimische Pflanzen in Gärten und riesige Felder mit Monokulturen gepflanzt, wo die Vögel kaum oder gar keine Nahrung finden können; siehe auch „Halsband mit Glöckchen für die Freigängerkatze", Seite 91).
- Außerdem bietet der Mensch den Katzen kein artgerechtes Leben, indem er sie häufig nur tagsüber nach draußen lässt, aber nicht nachts. Katzen jagen natürlich das, was sie draußen vorfinden. Lässt der Mensch sie nur tagsüber nach draußen, dann jagen sie selbstverständlich das, was sie dann vorfinden: Vögel.

- Katzen bringen ihren Fang häufig in die Wohnung, weil sie in diesem Augenblick draußen nicht in Ruhe jagen und fressen können, und/oder weil es drinnen viel wärmer ist und weil die Aussichten, den Jagdvorgang zuende bringen und das Tier fressen zu können, in der Wohnung wesentlich besser sind als draußen, wo die Fluchtwege für das Tier vielfältiger und leichter zu erreichen sind.
- Und manchmal bringen Katzen ihren Fang mit hinein, um Ihnen vorzumachen, wie das Jagen einer Beute geht, weil Sie davon aus Sicht der Katze keine Ahnung haben.

Lösungstipps

1. Bauen Sie eine Katzenklappe ein, sodass die Katze ihrer Natur entsprechend nachts auf die Pirsch gehen kann und nicht auf Ihre Anwesenheit über Tag angewiesen ist.

   Das wird sie allerdings nicht grundsätzlich davon abhalten, auch tagsüber hinauszugehen – Katzen schlafen nie viele Stunden am Stück durch. Sie müssen immer mal zur Toilette oder etwas fressen und trinken gehen, und sie müssen ihr Revier überprüfen. Herrscht bei Ihnen aber tagsüber Ruhe oder hat die Katze eine wirklich ruhige Schlafzone, dann hat sie tagsüber ein sehr viel geringeres Bedürfnis, draußen aktiv zu werden und ihre durch Lärm, Stress und/oder Langeweile angestaute Energie durch die Vogeljagd loszuwerden.

2. Machen Sie der Katze nachts nur ein Zimmer zugänglich, das leicht zu säubern ist. Denn sie wird nicht aufhören, Tiere mitzubringen, egal, was Sie tun. Sie können also nur den Schaden für sich selbst begrenzen, indem Sie sich zumindest in diesem Raum pflegeleichte Böden und Beläge zulegen.

   In dem betreffenden Raum sollte sich allerdings auch mindestens eine erhöhte Sitz- und Schlafmöglichkeit befinden, von der aus die Katze die Klappe oder den Eingang im Blick haben kann.

Eine Katzenklappe und die Möglichkeit, einen katzentypischen Tagesablauf zu haben (tagsüber weitgehend zu schlafen, nachts auf

Jagd zu gehen) ist tatsächlich die einzige Lösung gegen das Hereinbringen von Vögeln. Sie werden trotzdem auch tagsüber Spiel- und Streichelzeiten mit der Katze verbringen können (und sollten dies auch), aber Sie ermöglichen ihr eben dadurch auch ein artgerechtes Leben.

6.25
Die Katze verhält sich während des Urlaubs und danach anders als sonst

Das Problem

So unabhängig Katzen sind – sie können nicht über Tage oder Wochen alleine bleiben. Erst recht nicht, wenn sie reine Wohnungskatzen sind. Manche Menschen geben ihre Katzen deshalb in der Urlaubszeit in eine Pension, manche engagieren Katzensitter_innen für diese Zeit.

Doch in dieser Zeit und/oder danach pinkeln und koten die Katzen überall in die Wohnung, sie werden aggressiv oder kommen aus ihrem Versteck nicht mehr hervor. Ihr Verhalten verändert sich, ihr Fell wird stumpf, sie bekommen Ohrmilben, Katzenschnupfen oder andere Krankheiten.

Wenn sich Ihre Katze während des Urlaubs und danach anders verhält als sonst, lassen Sie sie deshalb zuerst tierärztlich überprüfen! Von Krankheiten abgesehen, gibt es nur einen Grund für das veränderte Verhalten.

Grund

Katzen sind Gewohnheitstiere. Unterbricht irgendetwas ihren gewohnten Rhythmus mit den gewohnten Menschen für mehr als einen Tag, dann bedeutet das für die meisten Katzen sehr großen Stress.

Der äußert sich, wie in vorherigen Kapiteln schon beschrieben, unter anderem durch das Pinkeln und Koten außerhalb der Katzentoilette, durch aggressives Verhalten oder durch Verstecken an für den

Menschen schwer zugänglichen Orten wie der hintersten Ecke unterm Bett.

Manchmal halten diese Verhaltensweisen noch lange nach der Rückkehr ihrer Menschen an.

Dieses Verhalten ist aber nicht, wie viele behaupten, „Protestpinkeln" oder Ähnliches, denn dazu ist eine Katze gar nicht in der Lage. Es ist vielmehr eine instinktive Reaktion darauf, dass sich der tägliche Ablauf und womöglich auch der vertraute Ort plötzlich geändert hat. Die Katze ist nicht Täterin, wie Worte wie „Protestpinklerin" suggerieren. Sie ist Opfer. Ihr Verhalten ist ein Zeichen für ihre Verwirrung und ihre Hilflosigkeit.

Wird eine Katze gar in eine Tierpension abgeschoben, dann kann das sogar potenzierter Stress für das Tier sein. Denn sie kennt dieses Revier nicht, sie kennt die Umstände, die Menschen und die anderen Tiere nicht. Die Geräusche und Gerüche sind neu und womöglich beängstigend für sie. Die Uhrzeiten sind anders als bei ihr zu Hause. Es wird nicht wie gewohnt mit ihr gespielt. Alles ist fremd – und das kann für eine kleine Katze unglaublich beängstigend und stressig sein.

Natürlich wirkt sich dies erheblich auf so ein sensibles Tier aus, und natürlich kann es die Auswirkungen nach ein paar Tagen oder Wochen nicht einfach automatisch abstellen, bloß weil Sie wieder da sind. Sie ist nur ein kleines Tier, das grundsätzlich instinktiv handelt und darauf angewiesen ist, dass Sie es artgerecht behandeln.

Lösungstipps

Verhaltensveränderungen werden Sie wahrscheinlich nicht ganz vermeiden können, da allein Ihre Abwesenheit grundsätzlich Stress für das Tier bedeutet. Um diesen Stress für die Katze möglichst gering und die Verhaltensauffälligkeiten in Grenzen zu halten, können Sie die folgenden Dinge tun:

1. Geben Sie Ihr Tier nicht in eine Pension, denn Katzen sind entweder personen- oder revierbezogen. Wird ihnen beides auf

einmal genommen, ist das ein furchtbarer und beängstigender Stress für sie, der sich automatisch und instinktiv in Verhaltensauffälligkeiten und/oder Gesundheitsproblemen ausdrückt.

2. Planen Sie deshalb Ihren Urlaub frühzeitig vor. Bitten Sie möglichst jemanden, den die Katze (sehr) gut kennt und mag, schon vor Ihrem Urlaub öfter zu sich. Diese Person sollte die Katze nach und nach an Ihrer Statt füttern, mit ihr spielen und sie streicheln – so wie Sie es normalerweise tun. Dies sollte grundsätzlich zu den Zeiten passieren, an die die Katze gewöhnt ist. Finden Sie nur jemand Fremdes, dann fangen Sie noch früher mit dem Bekanntmachen an, damit die Katze Zeit hat, sich an diese Person zu gewöhnen. Sie sollten ihr nie eine völlig fremde Person einfach so vorsetzen, denn dann sind Verhaltensauffälligkeiten vorprogrammiert.
3. Stellen Sie genaue Regeln für diese Person auf und gehen Sie sie mehrmals mit ihr durch. Machen Sie ihr klar, dass es für die Katze besonders wichtig ist, dass diese Regeln eingehalten werden.
4. Die Katzensitterin sollte sich genau an den vorgegebenen Zeitplan halten: Fressen sollte zur normalen Fressenszeit der Katze gegeben werden (maximal plus/minus eine halbe bis eine Stunde).
5. Die Katzensitterin sollte keinesfalls hektisch herein hetzen, schnell füttern und dann gleich wieder abhauen. Sie muss sich Zeit für das Tier nehmen, mit ihm spielen und es streicheln, sodass es sich halbwegs wohlfühlen kann.
6. Die Katzentoilette muss während Ihrer Abwesenheit jeden Tag mindestens zwei- bis dreimal gesäubert werden (das heißt, Urin und Kot entfernen, frische Streu nachstreuen).
7. Die Katzensitterin sollte dreimal am Tag für die Katze da sein. Es mag sein, dass sich die Katze aufgrund der veränderten Situation zurückzieht und nicht mit der Sitterin spielen möchte, weil Sie im Urlaub sind, und stattdessen eine mehr oder weniger fremde Person mit fremder Stimme, fremdem Geruch und fremden Verhaltensweisen da ist). Das ist in Ordnung – die Sitterin kann sie mit Leckerli und Spielzeug locken (und sollte das auch jedesmal

tun), aber sie sollte das Tier nicht bedrängen. Die Katze hat es auch so schon schwer genug, mit der veränderten Situation umzugehen.

8. Die Sitterin sollte nichts anders machen als Sie. Sie sollte insbesondere keine laute Musik hören, wenn Sie das sonst nicht tun. Sie sollte sich auch nicht mit Parfüm eindieseln oder stark parfümierte Handcreme auftragen, denn diese starken Gerüche sind für Katzen ein Graus, erst recht, wenn es sich um eine fremde Person handelt.

9. Die Sitterin sollte nie mit der Katze schimpfen, sondern sich mit den typischen Kommunikationssignalen der Katze und den Verhaltenstipps für Menschen vertraut machen. Und sie sollte sich in jedem Fall an Ihre Anweisungen halten.

10. Wenn Sie aus dem Urlaub zurück sind, kann es sein, dass die Katze, selbst wenn alles gut gegangen ist, irritiert ist und dies durch Verhaltensauffälligkeiten ausdrückt. Schimpfen Sie deshalb nie mit ihr – sie würde gar nicht verstehen, was sie falsch gemacht hat. Nehmen Sie es hin, halten Sie sich an die Tipps, die ich zu den spezifischen Verhaltensauffälligkeiten in diesem Ratgeber gegeben habe, und bleiben Sie dabei immer liebevoll konsequent und geduldig.

11. Sollten Sie aus der Vergangenheit wissen, dass Ihre Abwesenheit Verhaltensauffälligkeiten bei der Katze nach sich zieht, dann sollten Sie nach Möglichkeit auch Ihre Rückkehr langsam vorbereiten. Die Sitterin sollte nicht abrupt wegbleiben, sondern sie sollte noch einige Zeit kommen. Aber Sie sollten die Pflege der Katze, das Spielen und Streicheln zunehmend wieder selbst übernehmen.

12. Ihre Abwesenheit kann ein sehr großer Einschnitt in das Leben einer kleinen Katze gewesen sein. Sie kann sie sehr verunsichert haben, und da Katzen ein sehr gutes Gedächtnis haben, kann diese Verunsicherung noch eine Zeitlang andauern und bei ähnlichen Situationen noch Jahre später wieder auftreten.

Sie sollten sie aber jetzt auf keinen Fall mit ganz viel Extraliebe und zusätzlichen Leckerlis überschütten – das kann die Katze genauso verunsichern.

Gehen Sie deshalb zu Ihrem ganz normalen Alltag mit der Katze über (inklusive regelmäßiger Spielzeiten). Je schneller die Katze ihren normalen Tagesablauf mit ihren normalen Menschen, Gerüchen und Geräuschen wieder hat, desto leichter wird es ihr fallen, sich wieder zu entspannen.
13. Allerdings wird sich an ihren Verhaltensauffälligkeiten nicht automatisch etwas ändern. Selbst wenn diese plötzlich durch Stress hervorgerufen wurden, verschwinden sie nicht immer genauso plötzlich. Im Gegenteil, wenn Sie nicht sofort etwas dagegen unternehmen, können sie bei manchen Katzen chronisch werden. Und dann wird es noch schwerer, der Katze wieder positives, normales, ungestresstes Verhalten schmackhaft zu machen.

Sowie Sie entdecken, dass Ihre Katze nach Ihrer Rückkehr Verhaltensauffälligkeiten zeigt, sollten Sie sofort damit beginnen, die Maßnahmen dieses Buches zu dem jeweiligen Problem umzusetzen. Achten Sie darauf, nicht mit der Katze zu schimpfen oder sie zu bestrafen – es ist nie die Katze schuld an den Verhaltensauffälligkeiten. Schauen Sie sich zunächst die Kapitel „Die Kommunikationssignale der Katze verstehen" (Seite 31) und „Verhaltenstipps für den Umgang mit Katzen" (Seite 53) an. Dann gehen Sie weiter zu dem betreffenden Kapitel, das die Verhaltensauffälligkeit Ihrer Katze behandelt.

6.26

Raus-rein-raus-rein-raus oder Die Katzenklappe

Das Problem

Sie haben eine Katze, die halben Freigang bekommt: Sie müssen ihr immer die Tür öffnen, damit sie hinausgehen kann. Sie miaut, um Ihnen anzuzeigen, dass sie nach draußen möchte (oder muss, weil die Blase kurz vorm Platzen ist). Dann lassen Sie sie nach draußen, aber nur eine Minute später miaut sie draußen schon wieder, damit Sie sie hereinlassen. Sie müssen ständig hin- und herlaufen und sind genervt, denn anscheinend will die Katze gar nicht raus – Sie nehmen sogar an, die Katze will Sie nur ärgern.

Mögliche Gründe

Katzen möchten ihre Menschen grundsätzlich nicht ärgern. Sie handeln instinktiv, und wenn sie miauen, um hinausgelassen zu werden, dann hat das immer einen sehr guten Grund.

- Ein Grund ist, dass Katzen ihr Revier im Auge behalten müssen. Sie gehen dafür mehrfach am Tag nachschauen, welche Katzen an welchen Stellen in ihrem Revier Markierungen hinterlassen haben. Diese Überprüfung ist manchmal nur eine Sache von ein, zwei Minuten, besonders bei schlechtem, kaltem Wetter.

  Gleichzeitig gehen sie selbst markieren, um anderen Katzen klarzumachen: *Das ist auch mein Revier*. Mehr müssen sie meist gar nicht tun, und stehen deshalb nach kürzester Zeit wieder auf der Matte, damit sie weiterschlafen können, um für die Nacht fit zu sein.

  Und manchmal sitzen die Katzen nur vor der Tür, wittern ein paar

Sekunden lang von dort aus, ob sich etwas im Revier getan hat, und wollen dann gleich wieder hinein und weiterschlafen. Dies kommt insbesondere (aber nicht nur) bei regnerischem, kaltem Wetter vor.

- Es kann auch sein, dass die Katze von ihrem Liegeplatz aus eine andere/neue Katze gewittert oder gesehen hat. Dann will sie prüfen, welche Katze da gerade in ihr Revier eindringt, und ob irgendwelche Gefahren von ihr ausgehen.
- Nicht zuletzt müssen Katzen, selbst wenn sie nachtaktiv sind und nachts immer draußen sind, ihre Blase auch tagsüber immer wieder mal leeren. Das kann aber, insbesondere bei schlechtem und kaltem Wetter, ebenfalls nur eine Sache von Sekunden oder wenigen Minuten sein. Katzen lösen sich in der Regel lieber in der freien Natur als in der (oft viel zu kleinen und zu stark riechenden) Katzentoilette. Deshalb kann es gut sein, dass Ihre Katze diese nur in Notfällen nutzt (zum Beispiel, wenn Sie ihr die Tür nicht rechtzeitig öffnen), ansonsten aber immer miaut, um hinausgelassen zu werden.

Lösungstipp

Natürlich könnten Sie die Tür oder das Fenster den ganzen Tag offenstehen lassen. Aber das ist nicht nur heizkostentechnisch und aus Sicherheitsgründen Unsinn. Es ist auch für andere Tiere eine willkommene Gelegenheit, sich tagsüber im Warmen (Ihrer Wohnung) zu verstecken. Darüber hinaus wäre es sehr viel stressiger für Ihre Katze, eine geöffnete Tür zu bewachen als eine Katzenklappe. Die Folge könnte unter anderem sein, dass Ihre Katze zur Sicherheit auch die Möbel, Tapeten und Teppiche rund um die Tür markiert (mit Urin und mit Kratzern; siehe auch „Die Katze markiert in der Wohnung", Seite 112, und „Die Katze zerkratzt Möbel und Tapeten", Seite 116).

Die einzig sinnvolle Lösung wäre deshalb, eine Katzenklappe einbauen zu lassen, damit die Katze selbst entscheiden kann, wann sie hinaus- und wieder hineingehen kann. So wäre sie nicht darauf angewiesen, dass Sie jedesmal springen, wenn sie Laut gibt.

Es ist mittlerweile übrigens durchaus möglich, Katzenklappen in Fensterscheiben und Terrassentüren einzubauen. Fragen Sie dazu in einem Fachbetrieb nach – dort kann der Einbau auch fachgerecht vorgenommen werden.

6.27
Die Katze lässt sich nicht kämmen

Das Problem

Manche Katzen müssen regelmäßig gekämmt oder gebürstet werden, damit ihr langhaariges Fell nicht verfilzt. Für viele Katzen ist es hilfreich, wenn der Mensch ihnen mit einem speziellen Kamm dabei hilft, das Winterfell loszuwerden, weil es ihnen sonst schnell zu heiß wird. Und manchmal möchte man sie auch einfach nur durchkämmen, um zu prüfen, ob sie Flöhe haben.

Doch manche Katzen lassen das nicht zu. Sie schreien, kratzen, beißen um sich und laufen weg, wenn sie die Bürste nur sehen. Manche Menschen bringen ihre Katzen deshalb zu einem Katzenfriseur oder einer Tierärztin – doch ist das in der Regel unnötiger Stress für die Katzen (und Sie). Denn es geht auch anders.

Mögliche Gründe

- Es ziept beim Kämmen und Bürsten und bereitet der Katze Schmerzen.
- Die Bürste oder der Kamm kratzen unangenehm oder schmerzhaft auf der Haut der Katze.
- Die Katze wurde bislang immer dazu gezwungen, das heißt, sie wurde festgehalten und dann gebürstet oder gekämmt.
- Die Katze hat in der Vergangenheit schmerzhafte Erfahrungen mit dem Kämmen oder Bürsten gemacht.
- Die Katze hat eine oder mehrere Wunden auf der Haut, die das Kämmen und Bürsten sehr schmerzhaft machen.

- Die Katze hat Narben, die kaum oder nicht sichtbar sind, die aber für die Katze noch immer schmerzhaft sind oder an denen sie aufgrund schmerzhafter Erinnerungen Berührungen vermeidet und ablehnt.
- Die Katze ist aufgrund anderer Faktoren gestresst, sodass es ihr unmöglich ist, sich zu entspannen und ein Kämmen oder Bürsten zuzulassen.
- Die Katze hat kein oder nicht genügend Vertrauen zu Ihnen.

Lösungstipps

1. Zwingen Sie eine Katze nie dazu, sich kämmen oder bürsten zu lassen. Damit zerstören Sie ihr Vertrauen in Sie und machen ihr Angst. Es gibt, wie ich weiter unten beschreibe, andere Wege, um zum Ziel zu kommen.
2. Untersuchen Sie die Katze zuerst, ob sie keine Wunden auf der Haut hat. Solange Wunden vorhanden sind, sollten Sie keinesfalls an diesen Stellen bürsten oder kämmen. Schneiden Sie das Fell dort auch nicht kürzer, um leicht verfilzte Stellen loszuwerden, denn selbst wenn die Wunde verschorft ist, könnte sich die Katze die Wunde beim Wälzen aufreißen und Keime könnten eindringen, die zu schmerzhaften Entzündungen führen können.
3. Untersuchen Sie, ob die Katze Narben hat, an denen sie Berührung nicht wünscht oder erträgt. Merken Sie sich diese Stellen gut und vermeiden Sie dort jede Berührung.
4. Bei manchen Katzen genügt es, wenn man sie anderweitig (wie hier beschrieben) wie eine erwachsene Katze behandelt, dass sie dann in ganz kleinen Schritten nach und nach das Kämmen oder Bürsten immer öfter zulässt und sich eines Tages sogar dabei entspannen kann. Das braucht allerdings viel Geduld auf Ihrer Seite und Vorsicht: denn wenn Sie zu große Schritte machen wollen, kann das kontraproduktiv wirken. Die kleinen Schritte können wie folgt aussehen:
5. Gewöhnen Sie Ihre Katze an die Bürste oder den Kamm. Lassen Sie die Sachen offen herumliegen, damit sie nicht nach Plastik oder Chemie riechen, sondern langsam den für die Katze vertrauten

Umgebungsgeruch annehmen. Lassen Sie die Katze ab und zu daran schnuppern und sich daran reiben, damit sie sich mit dem Gegenstand vertraut machen kann und ihm ihren Duft anheften kann.

6. Schließlich versuchen Sie, die Katze mit dem Kamm oder der Bürste einfach nur zu berühren, ohne sie zu kämmen oder zu bürsten. Wiederholen Sie das immer wieder (aber nicht direkt hintereinander, sondern warten Sie ein paar Augenblicke, Minuten oder Stunden), bis die Katze nicht mehr wegläuft oder zusammenzuckt, wenn Sie ihr mit diesem Gegenstand nahekommen.

7. Und dann können Sie in ganz kleinen Schritten ausprobieren, ob die Katze es zulässt, dass Sie leicht mit Kamm oder Bürste über ihr Fell streicheln. Versuchen Sie das so lange, bis die Katze sich dabei ganz entspannt verhält. Auch hier ist wichtig, dass Sie nicht zu viel in zu kurzer Zeit wollen, denn das kann kontraproduktiv sein.

8. Als nächstes versuchen Sie, eine kleine Stelle zu kämmen oder zu bürsten. Machen Sie dies aber nicht so lange, bis die Katze wegläuft, sondern hören Sie immer vorher auf (beachten Sie dabei die Signale der Katze, die Ihnen signalisieren, ab wann es unangenehm für die Katze wird).

9. So können Sie es schaffen, die Katze in ganz kleinen Schritten davon zu überzeugen, dass sie gar nichts zu befürchten hat. Dass sie Ihnen vertrauen kann. Dieses gewonnene Vertrauen sollten Sie niemals durch Ungeduld, übereilte Fortschritte, einen Rückfall in alte Methoden wie Festhalten, Schimpfen und Ähnliches zerstören. Behalten Sie die Geduld und bleiben Sie auch selbst konsequent dabei.

10. Wenn diese Schritte ganz und gar nicht funktionieren, weil die Katze zu ängstlich ist oder Ihnen zu wenig vertraut, dann können Sie ein Spiel mit ihr spielen: Stellen Sie zwei Stühle oder einen Stuhl und einen Tisch mit etwas Abstand nebeneinander. Binden Sie jeweils an ein Tisch-/Stuhlbein in Höhe des Katzenkörpers eine sehr weiche Bürste, wobei die Borsten jeweils zur anderen Bürste zeigen sollten. Das können saubere, weiche Kleiderbürsten sein

oder unbenutzte, weiche Schuhputzbürsten.

Stellen Sie die Stühle nun so weit auseinander, dass die Bürsten die Katze nicht berühren, wenn sie zwischen ihnen hindurchgeht. Locken Sie die Katze nun mit einem Spielzeug oder einem Leckerli durch die beiden Stühle hindurch. Machen Sie das ein paarmal und lassen Sie es dann für diesen Tag gut sein.

Diese Übung wiederholen Sie nun täglich, und wenn Sie merken, dass die Katze die Stühle und Bürsten ignoriert, dass sie keine Signale des Missfallens oder der Unsicherheit mehr aussendet, dann können Sie die Stühle ein kleines bisschen näher zusammenschieben. Tun Sie dies aber nicht zu schnell, damit das Vertrauen der Katze zu Ihnen nicht gestört wird. Sollte sie sich erschrecken oder sich ängstlich zurückziehen, fangen Sie einfach wieder mit einem größeren oder dem größten Abstand zwischen den Stühlen an. Aber hören Sie nicht auf zu üben.

Wenn die Katze nun genügend Vertrauen zu Ihnen hat, dass sie problemlos und in ganz normalem Tempo zwischen den Bürsten hindurchgeht, selbst wenn diese sie von beiden Seiten berühren, dann führen Sie zusätzlich zu diesen täglichen Übungen die ganz oben beschriebenen Lösungstipps durch.

Sollten Sie hierbei Rückschläge erleben, lassen Sie sich nicht entmutigen. Manche Katzen brauchen länger, um solche Berührungen zuzulassen, und manche brauchen sehr lange. Das hat viel mit ihrer Vorgeschichte zu tun und damit, wie schnell sie Ihnen wirklich vertraut.

6.28
Die Katze ist sehr dick

Das Problem

Viele Wohnungskatzen sind sehr übergewichtig. Deshalb, und weil sie sich kaum noch bewegen, werden sie nicht nur immer noch dicker, sondern können auch lebensbedrohliche Krankheiten entwickeln.

Mögliche Gründe

- Die Katze ist krank. Lassen Sie sie unbedingt tierärztlich untersuchen und, falls sie schon Medikamente erhält, ihre Medikation neu einstellen.
- Sie geben der Katze wahllos Leckerli, Essensreste von Ihrem eigenen Essen und andere ungesunde Dinge.
- Sie geben der Katze zu viel und/oder zu reichhaltiges Futter.
- Sie sorgen nicht dafür, dass die Katze (ausreichend) Bewegung bekommt.
- Sollte es sich um eine Freigängerkatze handeln, wird sie vielleicht irgendwo in der Nachbarschaft zusätzlich gefüttert, oft durch äußerst ungesunde Sachen, die sie leider für ihr Leben gerne frisst.

Lösungstipps

1. Lassen Sie die Katze unbedingt zuerst tierärztlich untersuchen und ihre Medikation überprüfen.
2. Füttern Sie sie ab sofort nicht mehr vom Esstisch!
3. Geben Sie Ihrer Katze keine Leckerli mehr. Wenn Sie das nicht schaffen, dann reduzieren Sie die Leckerli wenigstens auf sehr, sehr wenige Stücke am Tag und achten Sie darauf, ausschließlich

zuckerfreie, aber sehr fleischhaltige Leckerli zu nehmen. Werfen Sie sie quer durch die Wohnung, damit die Katze sie erjagen muss und dadurch wieder Bewegung bekommt. Fragen Sie dazu aber vorher Ihre Tierärztin um Rat, denn bei bestimmten Krankheiten und ab einem bestimmten Übergewicht dürfen die Tiere sich anfangs nicht zu sehr auspowern.

4. Wählen Sie ausschließlich fleischhaltiges, getreidefreies und zuckerfreies Futter. Manche Futtersorten enthalten viele Inhaltsstoffe, die dem menschlichen Auge und den menschlichen Vorstellungen gefallen, was aber einer Katze, erst recht einer übergewichtigen, gar nicht gut tut. Bei allen Katzen, aber insbesondere bei übergewichtigen Katzen, ist es wichtig, ihnen außer Katzengras kein anderes Gemüse, Getreide oder sonstige Zusatzstoffe zu geben (es sei denn, dies wurde tierärztlich vorgeschrieben). Katzen sind reine Fleischfresser – sie sollten nur Fleisch bekommen.

5. Reduzieren Sie das Futter der Katze auf eine Normalmenge (was häufig weniger ist als auf den Dosen angegeben – befragen Sie dazu auch Ihre Tierärztin). Füttern Sie die Katze zweimal am Tag, morgens und abends, immer zu festen Zeiten, mit Nassfutter (es sei denn, Ihre Tierärztin hat Nassfutter verboten). Lassen Sie der Katze außerdem immer eine Handvoll Trockenfutter und ein volles Schüsselchen Wasser zur Selbstbedienung stehen.

6. Spielen Sie mindestens dreimal pro Tag ausgiebig (10-20 Minuten) mit Ihrer Katze. Und mit Spielen meine ich nicht Streicheln, sondern alles, was die Katze in Bewegung bringt (siehe dazu auch „So spielen Sie richtig mit Ihrer Katze", Seite 68). Sie muss Stück für Stück wieder lernen zu springen, zu rennen und zu jagen. Dadurch verliert sie Fett und gewinnt wieder mehr Muskulatur.

7. Loben Sie Ihre Katze jedesmal, wenn sie etwas richtig macht. Eine Katze, die gelobt wird, hat viel mehr Freude an dem, was sie tut (das ist nicht anders als bei uns Menschen), auch an Bewegung.

8. Das Wichtigste bei der ganzen Sache ist, dass Sie zuallererst an das Wohl des Tieres denken. Eine übergewichtige Katze ist kein gesundes Tier, sie lebt alles andere als artgerecht. Artgerecht wäre

eine schlanke Katze, die nicht mehr Futter als nötig und sehr viel Bewegung bekommt.

9. Geht Ihre Katze anderswo zusätzlich fressen, versuchen Sie herauszufinden, wo das Futter steht. Sprechen Sie mit der Person, die das Futter hinstellt, und bitten Sie sie, dies nicht mehr zu tun. Sollte diese Person nicht einsichtig sein (was leider sehr häufig der Fall ist), sollten Sie die Futtermenge Ihrer Katze reduzieren oder im schlimmsten Fall sogar erwägen, die Katze dauerhaft woanders unterzubringen. Denn die falsche Ernährung durch solche „tierliebenden" Menschen kann für manche Katze tödlich enden.

Grundsätzlich wird es Sie wahrscheinlich viel Überwindung kosten, Ihre Katze auf eine strikte Diät zu setzen – die meisten Menschen sind diese Form der Konsequenz nicht gewöhnt und glauben, es sei Tierquälerei, dies der Katze zuzumuten. Doch das Gegenteil ist der Fall: so dick zu sein, ist für ein so agiles und bewegliches Fluchttier wie eine Katze eine große Qual. Viele meinen, weil sie doch schnurre und sich ihrem Menschen auf den Schoß lege, gehe es ihr doch gut – dies ist aber nicht der Fall. Einer übergewichtigen Katze geht es nie wirklich gut.

Sie werden wahrscheinlich sehr viel Geduld benötigen, denn natürlich wird die Katze ihre Futtermenge und all die Leckereien zwischendurch immer wieder einfordern. Sie wird entweder dauernd miauen, Sie anstarren oder sie wird sich von Ihnen zurückziehen – akzeptieren Sie das, gehen Sie auf das Miauen und andere Dinge nicht ein, erlauben Sie ihr nicht, auf den Esstisch zu springen, reden Sie nicht viel mit ihr, sondern beachten Sie unbedingt die Verhaltenstipps. Zieht die Katze sich zurück, nehmen Sie es nicht persönlich – sie versucht nur, mit dieser verwirrenden Situation klarzukommen. Achten Sie in jedem Fall akribisch darauf, dass sie regelmäßig Futter und Spiel-/ Bewegungszeiten bekommt. Und bleiben Sie unbedingt konsequent – zum Wohl Ihrer Katze.

6.29
Ich muss eine Katze weggeben – aber welche?

Das Problem

Sie haben mehrere Katzen, aber es herrscht ständig Streit oder eine der Katzen kommt nicht mehr aus ihrem Versteck hervor. Sie haben die Lösungstipps aus den Kapiteln „Die Katze streitet sich ständig mit anderen" (Seite 137) und „Die Katze kommt unterm Bett nicht mehr hervor" (Seite 164) konsequent und geduldig ausprobiert, aber die Situation hat sich nicht entscheidend verbessert. Sie überlegen deshalb, eine Katze wegzugeben, können sich aber beim besten Willen nicht entscheiden, welche.

Lösungstipps

Wenn Sie beschlossen haben, dass Sie eine Katze weggeben (müssen), dann fällt die Wahl meistens auf diejenige Katze, die auf ersten Blick die Störenfriedin ist: kratzbürstig, hockt fauchend unterm Bett, macht Dinge kaputt, vermöbelt die andere Katze oder fällt anderweitig unangenehm auf.

Das Problem dabei ist, dass die meisten Menschen keine Katze aufnehmen wollen, mit der anderswo schon jemand Probleme hatte. Oft landet genau diese Katze deshalb bald im Tierheim, wo sie, wenn sie bereits erwachsen ist, nur sehr schlechte Chancen auf Vermittlung hat. Oder sie wird einfach ausgesetzt und muss sich fortan alleine durchschlagen. Das ist insbesondere für reine Wohnungskatzen in der ersten Zeit eine furchtbare Qual, denn sie sind dieses Leben nicht gewöhnt, und häufig überleben sie dies nicht.

Sie müssen also nicht nur wählen, welche Katze Sie weggeben, sondern Sie entscheiden dadurch auch über das zukünftige Schicksal der Katze: selbst wenn Ihre Freund_innen diese Katze aufnehmen, kann es sein, dass auch sie mit ihr nicht klarkommen, wenn sie nicht katzengerecht mit ihr umgehen. Und schon landet das Tier am Ende doch im Tierheim und hat durch die vielen Veränderungen einen weiteren großen Knacks bekommen.

Bevor Sie die Entscheidung treffen, sollten Sie sich noch einmal an die Anfänge zurückerinnern: wie war die „Problemkatze", als Sie sie zu sich holten? War sie da schon schwierig? Warum war sie das? Oder ist sie erst im Zusammenleben mit den anderen, durch Änderungen im Umfeld, in Ihrer Familie, nach einer Operation, nach irgendeinem besonderen oder für Sie vielleicht sogar ganz unauffälligen Ereignis schwierig geworden?

Und in welchen Situationen verhält sich die Katze problematisch? Welches Verhalten legt sie in diesen Momenten an den Tag? Haben Sie die dazugehörigen Tipps hier im Buch bereits ausreichend ausprobiert?

Ich frage Sie deshalb danach, weil sich viele Leute über die ausschlaggebenden Momente und die genauen Vorgänge wenige Gedanken machen. Sie hoffen, dass sie allein dadurch Ruhe schaffen können, dass sie die „Problemkatze" einfach weggeben. Doch wenn Sie mehr als zwei Katzen bei sich haben, kann es sehr gut sein, dass sich die Situation danach kein bisschen ändert, weil unter den verbliebenen Katzen noch immer diejenige ist, die die andere bedroht hat und sich nun ein neues Opfer sucht.

Natürlich sollten Sie auch Ihr Herz entscheiden lassen: welche der Katzen steht Ihnen seit Anbeginn näher? Mit welcher ist Ihr Verhältnis inniger?

Schreiben Sie aber bitte die „Problemkatze" nicht automatisch ab. Aus Erfahrung kann ich Ihnen nämlich sagen, dass Sie durchaus eine große Überraschung erleben können, wenn Sie die „Problemkatze" behalten und die andere Katze weggeben. Es kann Ihnen durchaus passieren, dass die Katze, die bisher Probleme machte, innerhalb von einem oder ein paar Tagen zu einem ganz entspannten, wunderbaren, kuscheligen, lieben Tier wird, wenn die andere Katze weg ist.

Es gibt zwar keine Garantie dafür, dass am Ende mit der einstigen „Problemkatze" alles gut wird. Auch nicht, wenn Sie konsequent und geduldig mit ihr gearbeitet haben. Es gibt aber auch keine Garantie, dass ohne die „Problemkatze" alles gut wird. Deshalb finde ich, dass es immer einen Versuch wert ist – zunächst mit allen Katzen an Veränderungen zu arbeiten, und, wenn das nicht klappt, sich auch mal gegen die offensichtlichste (weil einfachste) Lösung zu entscheiden.

Erst recht, wenn Sie für diese Katze aufgrund der Probleme keine neue Familie finden, wenn sie dann womöglich im Tierheim landet, dort als „schwierige Katze" kaum oder gar nicht vermittelbar ist und deshalb vielleicht nie wieder eine Chance auf ein schönes, artgerechtes Leben bekommt.

Denn es liegt bei einer gesunden Katze nie an der Katze, wenn es Probleme gibt, sondern immer an ihrem Umfeld und daran, dass ihre Signale und ihre Bedürfnisse nicht beachtet wurden.

6.30
Eine neue Katze in den Haushalt integrieren

Das Problem
Sie haben entweder Katzen, die nicht miteinander auskommen, aber Sie möchten keine von ihnen weggeben. Oder Sie möchten eine Zweitkatze hinzuholen, und Sie möchten den Anfang für alle Beteiligten so problemlos und stressfrei wie möglich gestalten.

Lösungstipps
Die Zusammenführung von Katzen, insbesondere Wohnungskatzen, sollte immer vorsichtig und sorgsam durchgeführt werden.

1. Die neue Katze sollte zunächst alleine in ein ruhiges, möglichst geruchsneutrales Zimmer gebracht werden, in dem Ihre andere Katze bislang eher selten war. Hier hat die Neue Gelegenheit, sich an die Geräusche, Gerüche und den Tagesablauf im Haushalt zu gewöhnen. Sie braucht dort einen gemütlichen Schlafplatz, einen Aussichtspunkt, einen geschützten Rückzugsort, zwei Katzentoiletten, und sie braucht einen Futternapf, einen Wassernapf und ein wenig Spielzeug. Wie auch ansonsten in der Wohnung sollten Schlafplatz, Futterstelle und Katzentoiletten möglichst weit voneinander entfernt stehen.

   Lüften Sie diesen Raum gut, und achten Sie darauf, ihn absolut sicher zu gestalten (siehe dazu auch „Vorausschauend handeln", Seite 58). Die Katzentoiletten sollten täglich zwei- bis dreimal geleert werden. Und Sie sollten täglich mindestens dreimal 10-20 Minuten mit der Katze spielen. Außerdem sollten Sie sofort damit beginnen, die Katze zu loben, wenn sie etwas richtig gemacht hat.

   Nehmen Sie in den ersten Tagen nur die Streu und das Futter, an das die neue Katze gewöhnt ist. Durchmischen Sie beides erst nach und nach mit Ihrer präferierten Streu und Futter, bis am Ende nur noch Ihres darunter ist. Sollte sie das nicht annehmen, müssen Sie sie entweder noch langsamer daran gewöhnen oder bei den alten Dingen bleiben, damit es keine Probleme gibt.

2. Die andere Katze darf nicht in dieses Zimmer gelassen werden. Sie darf sich auch nicht vor der Tür des Zimmers bewegen oder positionieren können – sie sollte möglichst weit entfernt von diesem Raum gehalten werden. Allein ihre unmittelbare Nähe, ihre Geräusche und ihr Geruch können die neue Katze stark verängstigen.

3. Gleichzeitig bereiten Sie die Wohnung vor. Wählen Sie eine Tür, die von dem Teil der Wohnung, in dem sich die alte Katze befindet, zu dem Teil führt, in dem sich die neue Katze befindet. Es sollte aber nicht die Tür des Zimmers der neuen Katze sein, sondern eine andere Tür. Besorgen Sie sich für diesen Türdurchgang ein festes Netz, das nicht leicht heruntergerissen oder zerstört werden kann, oder eine Fliegentür. Die Löcher müssen so klein sein, dass eine Katze weder selbst hindurchpasst, noch ihre Pfote hindurchstecken kann. Es muss auch so hoch sein, dass Katzen nicht hinüberspringen können.

4. Als nächstes reiben Sie mit Ihren Händen oder einem weitgehend geruchsfreien Baumwolltuch (einem Taschentuch, zum Beispiel) an den Duftdrüsen der neuen Katze entlang, also am Kopf und seitlich am Schwanzansatz. Mit diesem Geruch an den Händen oder dem Tuch gehen Sie zur alten Katze und halten Sie ihr diesen Geruch erst unter die Nase, dann streicheln und loben Sie sie (wenn sie ruhig bleibt). Dasselbe machen Sie andersherum – den Geruch der alten Katze zur neuen bringen. Dadurch machen Sie jede Katze schon einmal mit dem Geruch der anderen vertraut.

Sollten die Katzen sich gegen den Geruch wehren, Ihnen beim Streicheln ausweichen, dann schimpfen oder zwingen Sie sie keinesfalls. Legen Sie stattdessen das Tuch mit dem Duft der einen in der Nähe des Schlafplatzes der anderen ab. Erneuern Sie den Duft an den Tüchern täglich und deponieren Sie sie dann wieder am jeweiligen Schlafplatz. Versuchen Sie dann nach und nach, die Katzen mit den jeweils anderen Tüchern zu streicheln (aber nie zwangsweise), bis beide keine Abwehrreaktionen mehr zeigen. Die dadurch entstehende Vermischung beider Gerüche macht den Geruch der einen vertrauter für die andere – dasselbe geschieht, wenn zwei Katzen einander bei Begegnung „Köpfchen geben" (siehe dazu auch „Signale des Kopfes", Seite 32). Dies trägt entscheidend zu einer Entspannung beider Tiere bei. Sollte eine Katze aber dauerhaft Abwehrreaktionen zeigen, lassen Sie es gut sein. Verteilen Sie den Geruch der neuen Katze dann nur noch im ganzen Haus. Dafür reiben Sie das Tuch täglich auf Katzenkopfhöhe an Möbelstücken und Türrahmen.

5. Wenn die neue Katze insgesamt entspannt und ruhig ist, was meist nach einigen Tagen der Fall ist, dann sollten Sie sie täglich durch die Wohnung spazieren lassen, damit sie diese erkunden kann. Dafür sollte der Bereich, in dem die andere Katze derzeit lebt, so abgesperrt sein, dass die beiden einander nicht sehen können.

6. Wenn nun beide Katzen ganz entspannt mit dieser Situation umgehen, dann können Sie einen ersten Zusammenführungsversuch starten. Befestigen Sie das Netz sicher, damit es nicht herunterfallen oder heruntergerissen werden kann. Stellen Sie dann auf beiden Seiten des Netzes ein wenig Futter auf (mit mehreren Metern Abstand) und lassen Sie beide Katzen aus ihren Zimmern herauskommen. Bedrängen Sie sie dabei nicht, locken Sie sie nicht, lassen Sie sie einfach nur das tun, was sie tun möchten. Beobachten Sie sie aber genau und loben Sie sie sofort, wenn sie etwas richtig gemacht haben.

7. Wenn Sie das Ganze nicht zu übereilt und nicht unter Druck durchgeführt haben, dann müssten die Katzen jetzt relativ entspannt sein. Zeigt eine der beiden Stresssignale oder wird sie aggressiv, dann sollten Sie sie mit einem Spiel oder Leckerli abzulenken versuchen. Lässt sie sich ablenken, sollten Sie sie wieder loben. Lässt sie sich nicht ablenken und bleibt sie gestresst oder aggressiv, sollten Sie die Begegnung sofort beenden. Wenn eine der beiden die andere aber bedroht und die sich auf ihrer Seite des

Netzes wehrt, dann sollten Sie die beiden trennen und wieder ganz von vorne beginnen.

8. Versuchen Sie ein paarmal – immer in Ruhe und mit viel Geduld – die Katzen auf diese Weise zusammenzubringen. Gehen sie dann immer noch nicht entspannt miteinander um, dann ist Ihre alte Katze eine Einzelkatze oder die neue Katze ist die falsche für diese Konstellation. Das sollten Sie dann akzeptieren – zum Wohle aller.

9. Für die neue Katze wäre es natürlich traumatisch, dann wieder weggegeben zu werden. Aber für die alte Katze wäre es nicht weniger schlimm, mit der neuen leben zu müssen, wenn sie auch nach dieser vorsichtigen Zusammenführung so gar nicht miteinander klarkommen. Die Probleme wären vorprogrammiert.

10. Geben Sie die neue Katze aber nicht einfach irgendwohin und setzen Sie sie bitte auch nicht aus oder in einem Karton einfach so vors Tierheim. Achten Sie vielmehr darauf, sie zu sehr verständigen und katzenerfahrenen Menschen zu geben.

Wenn die Zusammenführung gut gelaufen ist, gilt grundsätzlich:

1. Haben Sie immer eine Katzentoilette mehr als Sie Katzen haben. Wenn Sie dafür keinen Platz haben, sollten Sie nicht so viele Katzen halten oder den Katzen Freigang durch eine Katzenklappe ermöglichen.

2. Spielen Sie nie gleichzeitig mit beiden Katzen, sondern widmen Sie jeder Katze einzeln gleich viel Spiel- und Streichelzeit, und zwar täglich jewuils zwei- bis dreimal 10-20 Minuten (siehe auch „So spielen Sie richtig mit Ihrer Katze", Seite 68).

Wenn Sie mit beiden gleichzeitig spielen, gibt es schneller Streit und Kämpfe unter den Katzen. Die unterlegene Katze kommt dann entweder beim Spiel nicht zum Zug und zieht sich zurück, oder sie gerät unter Stress und zieht sich dann zurück. Das sollten Sie keinesfalls zulassen. Denn es hat nur sehr selten damit zu tun, dass diese Katze nicht spielen möchte, sondern eher damit, dass sie aus

Hierarchiegründen der anderen Platz macht. Was in einem so kleinen Revier ziemlich stressig für sie sein kann.

3. Füttern Sie die Katzen nie aus einem Napf, sondern geben Sie jeder Katze ihren eigenen Napf. Aus demselben Napf zu fressen unterstützt sehr dominante Katzen darin, weniger dominante zu unterdrücken. Das wirkt sich auch auf das restliche Zusammenleben aus und kann einer unterlegenen Katze das Leben verleiden und zu unerwünschtem Verhalten führen (zum Beispiel, wenn die dominante Katze ihr immer den Weg zur Katzentoilette versperrt).

4. Beobachten Sie die Tiere, lernen Sie ihre Sprache, ihre Signale, ihre individuellen Bedürfnisse und ihre Grenzen kennen. Nur so können Sie unerwünschtes Verhalten und Streitigkeiten unter mehreren Katzen vermeiden.

Die 7 Goldenen Regeln für den Umgang mit Ihrer Katze

Die wichtigsten Tipps und „NoGos" dieses Buches noch einmal übersichtlich zusammengefasst:

1.

Erlernen und respektieren Sie die Signale,
die Ihnen die Katze gibt. Immer.

2.

Beschimpfen und bestrafen Sie die Katze nie.

3.

Wenn Ihre Katze sich Ihnen gegenüber negativ verhält, ignorieren
Sie sie und gehen Sie weg – und arbeiten Sie dann an den Lösungen.

4.

Loben Sie Ihre Katze, immer und immer wieder, wenn sie etwas gut
und richtig gemacht hat. Auch nach Jahren noch.

5.

Tun Sie nichts, was die Katze nicht will –es sei denn, es ist
lebensnotwendig für das Tier.

6.

Haben Sie Geduld mit Ihrer Katze (und mit sich selbst).

7.

Bleiben Sie konsequent. Immer.

Nachwort

Ich lebe schon seit vielen Jahren mit Katzen zusammen, und immer war es ein schönes, harmonisches Zusammenleben. In all der Zeit habe ich so viel über Katzen gelernt, über ihre Bedürfnisse, ihre Kommunikation, ihr Wesen. Bis Lucy in mein Leben kam.

Mit ihrer Ankunft musste ich feststellen, dass ich genau genommen gar nichts wusste. Was im Zusammenleben mit den anderen Katzen so wunderbar funktioniert hatte, hatte nicht den geringsten, auch nur ansatzweise positiven Effekt auf Lucy.

Sie war aggressiv, wie ich zuvor noch keine Katze erlebt hatte. Und sie war extrem widersprüchlich. Im Tierheim hatte man mir Glück gewünscht und wie nebenbei gesagt: „Sie wissen ja, was man über dreifarbige Katzen sagt!" Ich wusste es nicht, aber ich begann zu ahnen, warum sie dort so froh waren, als ich diese kleine Kratzbürste mitnahm (und mit ihrer Dreifarbigkeit hatte das nicht das Geringste zu tun).

Niemand wusste, woher sie gekommen war. Sie war eine der zahllosen Katzen, die Tag für Tag trächtig im Tierheim landen. Dort brachte Lucy ihre Jungen zur Welt, sah mit an, wie eins nach dem anderen vermittelt wurde, und zog sich immer mehr zurück. Besucher_innen bekamen sie nie zu Gesicht, weil sie sich nicht auf die Menschen stürzte, die das kleine Katzenhaus betraten. Stattdessen lag sie in einer kleinen Holzkiste im winzigen Außengehege und setzte Fett an. Fast ein Jahr lang konnte sie nicht viel mehr tun, als zum Fressnapf, zur Katzentoilette und zurück zu ihrer Holzkiste zu laufen.

Klein, dreifarbig gesprenkelt, dick und – wie ich sehr schnell feststellte – mit sagenhaft scharfen und treffsicheren Krallen gesegnet. Schon bei der ersten Begegnung vor ihrer Holzkiste verlor ich mein Herz an sie. Denn ich wusste: das Verhalten, das diese kleine Katze da zeigte, war nur ein Ausdruck von purem Stress. Immerhin das hatte ich verstanden. Und sie verdiente nach fast einem Jahr im Tierheim endlich eine Chance auf ein artgerechtes Katzenleben.

Aber mit Lucy musste ich mit dem Lernen noch einmal ganz von vorne beginnen. Denn immer wieder war ich mit meinem Katzenlatein am Ende.

Und ich musste feststellen, wie wenig wirklich sinnvolle und praxisnahe Hilfen es gab, dass auch die Tierärzt_innen, die ich konsultierte, nicht weiter wussten. Also begann ich, Lucy noch viel genauer zu beobachten als alle Katzen vor ihr. Ich merkte mir, welche Signale sie wann aussandte und wie sie auf meine Handlungen reagierte.

Lucy war, wie die meisten Katzen, ein unwahrscheinlich geduldiges Tier, immer darauf aus, Frieden mit mir zu schließen und mir frühzeitig zu signalisieren, was sie von mir brauchte und was nicht. Bis ich endlich registrierte, an welchen Punkten ich sie missverstanden hatte, übergriffig gewesen bin und ihre Grenzen nicht (genügend) respektiert hatte, dauerte es lange (arme Lucy!). Aber es hat sich gelohnt – für uns beide.

Ich habe Lucy heute mehr denn je ins Herz geschlossen. Sie war so geduldig mit mir und verzieh mir alle Fehler. Als ich sie und ihre Signale endlich verstand und richtig darauf reagierte, wurde aus der einstigen Kratzbürste fast über Nacht ein immer noch zurückhaltendes, aber sehr liebes und entspanntes Tier. Heute sind wir ein eingeschworenes Team, nehmen Rücksicht aufeinander, respektieren einander, und nicht zuletzt hängen wir auch sehr aneinander. Und das, obwohl wir beide sehr unabhängige Geister sind.

Sie haben es also Lucy zu verdanken, dass es dieses Buch gibt. Und all jenen Menschen, die mir über viele Jahre ihre Probleme mit Katzen geschildert und mir berichtet haben, was sie bislang dagegen unternommen haben, was davon funktioniert und was nicht funktioniert hat.

Auf diese Weise haben Sie nun einen Ratgeber in der Hand, der Ihnen und Ihrer Katze hoffentlich dabei helfen wird, ein so gutes Team zu werden, wie Lucy und ich es am Ende wurden.

Geben Sie sich und Ihrer Katze Zeit, haben Sie Geduld, bleiben Sie auf liebevolle Weise konsequent und beachten Sie die 7 Goldenen Regeln – ich bin sicher, dass Sie dann Erfolge sehen werden.

Ihre Merle Matthies

Hinweis zur Schreibweise in diesem Buch

Sollten Sie sich fragen, was der Unterstrich bei manchen Worten zu bedeuten hat (zum Beispiel bei „Leser_innen" und „Katzenfreund_innen"), hier eine Erklärung: Wir sind in unserer Gesellschaft viele Jahrzehnte lang davon ausgegangen, dass es zwei Geschlechter gibt: das weibliche und das männliche. Doch hat sich in den letzten Jahren gezeigt, dass es sehr viel mehr Geschlechter als nur diese beiden gibt. Um dieser Tatsache Rechnung zu tragen und alle Menschen gleichermaßen anzusprechen, habe ich den auf Menschen bezogenen Plural mit einem Unterstrich versehen. Er steht für zweierlei: zum einen würdigt er die Vielfalt der Geschlechter, zum anderen kennzeichnet er das Verbindende zwischen allen Geschlechtern.

Aus Gründen der Lesbarkeit habe ich an einigen Stellen jedoch darauf verzichtet und nur die weibliche Form gewählt. Alle anderen Geschlechter sind dabei aber immer mitgemeint.

Haftungsausschluss

Alle hier gemachten Angaben und Vorschläge sind sorgfältig recherchiert oder basieren auf jahrelanger Erfahrung im Umgang mit Katzen.

Ich gebe keine Garantien dafür, dass die in diesem Buch gegebenen Tipps bei Ihnen funktionieren werden. Dafür hängt zu viel von Ihrer ganz individuellen Konstellation Mensch + Katze + Umfeld + Vorgeschichte sowie von Ihrer Geduld und Konsequenz ab. Ich übernehme daher auch keinerlei Haftung für Probleme oder Schäden, die aus Ihrer Anwendung der von mir vorgestellten Tipps entstehen könnten.

Inhalt

Vorwort 2
Wichtiger Hinweis 3
Was ist eine „Problemkatze"? 6
    Die meisten Probleme entstehen durch Unkenntnis 7
    Natürliches, instinktives Verhalten ist kein „Problem", sondern eine Reaktion – auf Sie 8
Grundlagen über Katzen 10
    Wie leben Katzen? 10
    Das Wesen der Katzen 14
    Katzen sind … 15
    Eine Katze ist eine Katze 17
Probleme mit Katzen 20
    Zuerst: tierärztliche Untersuchung! 21
    Was ist problematisches Verhalten einer Katze? 22
Gründe für problematisches Verhalten einer Katze 26
    Mögliche Gründe auf Seiten der Katze 26
    Mögliche Gründe auf Seiten der Menschen 27
Allgemeine Tipps für den Umgang mit Katzen 30
    Die Kommunikationssignale der Katze verstehen 31
    Verhaltenstipps für den Umgang mit Katzen 53
    Die Katze ist unsauber 100
    Im Hausflur stinkt es nach „Katze" 110
    Die Katze markiert in der Wohnung 112
    Die Katze zerkratzt Möbel und Tapeten 116
    Die Katze ist aggressiv 121
    Die Katze beißt oder kratzt mich (plötzlich) 131
    Die Katze streitet sich ständig mit anderen 137
    Die Katze miaut andauernd 141

Die Katze zeigt zwanghafte Verhaltensweisen 146
Die Katze lässt sich nicht streicheln..149
Die Katze steht mir dauernd im Weg oder springt mir in den Weg..... 152
Die Katze spielt nicht 155
Die Katze mag meine_n Partner_in nicht 158
Die Katze rast wie verrückt durch die Wohnung 162
Die Katze kommt unterm Bett nicht mehr hervor............................164
Ist der Mensch aus dem Haus, tanzt die Katz auf dem Tisch 168
Die Katze verschwindet immer wieder tagelang 171
Die Katze hat sich bei anderen Leuten einquartiert 176
Die Katze frisst ihre Medikamente nicht..178
Die Katze lässt sich nicht einfangen 181
Die Katze will nicht nach draußen...185
Die Katze bringt immer Vögel ins Haus 188
Die Katze verhält sich während des Urlaubs und danach anders als sonst..191
Raus-rein-raus-rein-raus oder Die Katzenklappe 196
Die Katze lässt sich nicht kämmen 199
Die Katze ist sehr dick 203
Ich muss eine Katze weggeben – aber welche?...............................206
Lösungstipps...206
Eine neue Katze in den Haushalt integrieren...................................209

Die 7 Goldenen Regeln für den Umgang mit Ihrer Katze................214

Nachwort..216
Hinweis zur Schreibweise in diesem Buch.......................................220
Haftungsausschluss...220

Inhalt 222

Printed in Germany
by Amazon Distribution
GmbH, Leipzig